禁断の爆速ごはん

やっちゃう100レシピ

爆速レシピクリエイター
およね

主婦の友社

はじめに

はじめまして。およねです！

たくさんの本の中から、この本を手にとっていただき、ありがとうございます。

私はもともと会社員として働いていた、ごく普通のワーママです。
10代のころから料理が趣味だったものの、
母となり、仕事に育児にと、目まぐるしい毎日をすごしていたら、
料理の時間がどんどん削られて、
気づけば料理が好きなことも忘れかけていました。

そんな日常に限界がきたとき、
「好きなことを失いたくない」「時間はないけど無駄なく毎日を楽しみたい」
そんな思いがあふれて、数々の「禁断」のレシピが誕生しました。

せっかちな性格もあいまって、私のレシピでは
調理工程や面倒なことは極力省いています。
でも、どんなにラクしても、家族にはちゃんとおいしいものを作りたい。
そんな気持ちから生まれた爆速レシピを、
初めてSNSに投稿したのは2021年のことです。

以後、多くの反響をいただき、
今回、レシピ本を出版することになりました。
いつも応援してくださっているみなさま、ありがとうございます。

私の調理には「うそだろぉ!?」と突っ込みたくなるものも
たくさんあると思いますが、
怒濤の毎日を乗り切る選択肢の1つとして、料理が好きなかたにも、
そうでないかたにも、
楽しんでいただけるような一冊となっています。

読み終えたあとに

「なんか気がラクになった」
「肩肘張らずにすごせそう」
「よっしゃ、ちょっとやってみるか！」

そんな気持ちになってもらえたら幸せです。

およね

CONTENTS

PART 2

フライパンだけでできる手間なしおかず

PART 3

火を使わない皿だけでできるおかず

PART 4
すぐできる！ 大満足の一品料理

副菜にもおつまみにも！あと一品！クイックメニュー

あえるだけ！秘伝の中華だれで2品

即席！あると便利な塩だれでお店の味

PART 5

ラクうま！ごほうびおやつ

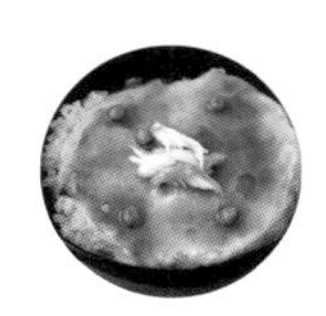

調理はとことんラクに。でもちゃんと

下ごしらえから加熱まで、フライパン1つでまかなえるレシピ。キッチンも汚しません。

まな板いらずの 肉巻きおにぎり

全部フライパンで完結する、およねの代表作です。
ごはんをぎゅぎゅーっと、しっかり肉の中に
巻き込んで。そうすれば未来は明るい！

豚肉　120g

肉が四角になるように！

長めにラップを敷いて、豚肉を並べる。↓

青じそ　大3枚

スライスチーズ（縦3等分にちぎる）　**1枚**

青じそ、スライスチーズをのせて、↗

おいしいおよねのスゴ技4つ！

まずは基本の
調理ワザを
紹介します。

材料（2人分）

豚薄切り肉…120g×2、青じそ…大3枚×2、スライスチーズ…1枚×2、
ごはん…140g×2、薄力粉…小さじ2、酒…大さじ1、
しょうゆ…大さじ1、砂糖…大さじ1、いり白ごま…適量

POINT
肉の左右を折って、
中からごはんが出て
くるのを防ぎます。

ごはんをのせたら肉の左右を折って、↓

POINT
ここでしっかり巻いて。
「ごはんと肉がバラバラ
になって、ほぼチャーハ
ン（涙）」なんてことには
なるまい。

ラップごとくるっと巻く。→

フライパンの
中でやっちゃう
薄力粉　小さじ2
くるっと返し
全体にまぶす
2本作って薄力粉をまぶして、↓
酒　大さじ1
しょうゆ　大さじ1
砂糖　大さじ1
ほら、もう
おいしい
中火
4～5分
加熱
焼き色をつけたら調味料をイン！↗

汚さない
最短距離
焼けたら、皿の上でチョキチョキ。↓

ごまを振って
でき上がり！

クッキングシートを使いこなして、洗い物や調理道具を最小限に抑えます。

シュッ！と引けば

フライパンビビンバ

みんな大好きなビビンバ。クッキングシートを使えば、
ナムルも全部フライパン1つでできます。
どうせまぜて食べるんだから、洗い物もラクしちゃいましょう。

フライパン用クッキングシート

ひき肉　150g

中火 4～5分 加熱

クッキングシートを敷き、ひき肉をいためる。↓

にんじん（スライサーでせん切り）　1/3本

小松菜（キッチンばさみで2cm長さ）　1束

もやし　50g

ひき肉は半面に寄せる

中火 2～3分 加熱

野菜を入れていためたら、↗

材料(2人分)

豚ひき肉…150g、にんじん…1/3本、小松菜…1束、
もやし…50g、ごはん…350g、ごま油…小さじ1＋大さじ1/2、
鶏ガラスープのもと…小さじ1/2、塩…少々、いり白ごま…適量、
焼き肉のたれ…大さじ1/2、卵…1個、キムチ…50g(適量でOK)、
好みで韓国のりフレーク…適宜

POINT

熱いので、やけどしないように気をつけて！

火を止め、シートごとフライパンからとり出す。→

ごま油　大さじ1/2
ごはん　350g
POINT
上にのせるビビンバの具材に火を通りやすくするために、ごはんは平らにしておきます。
ごま油をひき、ごはんを入れて、↓

シュッと引き抜く（箸を使っても）
POINT
ビビンバの具をごはんにのせる。このときまん中に卵のスペースをあけておく。
具材をのせる。↗

まん中に卵を割り入れ、ふたをして加熱。↓

お好みで韓国のりフレークをトッピングして

でき上がり！

食べる前によくまぜて！

スゴ技
3
皿だけ

調理から食べる瞬間まで、皿が1枚あれば、すべてが順風満帆になるレシピです。ラクしたいときはこれ一択。

皿の上でたたむ

手抜きオムライス

皿1枚でできてそのまま食べられる、とにかくラクを極めた一品です。ごはんを卵で包むのはハードルが高いと感じる人も、たたんでしまえばそれなりに仕上がります！

卵　2個
牛乳　大さじ1
マヨネーズ　小さじ1

POINT
皿は薄めで縁があるものを使って。卵全体に火が入りやすくなります。

耐熱皿にラップを敷き、材料をまぜて、↓

ラップなしで

電子レンジで
1分20秒加熱！

POINT
加熱ムラをなくすために卵はしっかりまぜて平らにしてください。

電子レンジでチン！↗

材料(1人分)

卵…2個、ハム…2枚、ごはん…100g、牛乳…大さじ1、
マヨネーズ…小さじ1、トマトケチャップ…小さじ2、
コンソメスープのもと…小さじ1/2、
トマトケチャップ(トッピング用)…適量、
ブロッコリー(あれば)…3房、ミニトマト(あれば)…1個

POINT
固まらなかったら様子を見て10秒ずつ追加で加熱して。

ラップなしで

電子レンジ
1分30秒加熱！

ぐるぐるよくまぜて、またチン！↓

ハム(キッチンばさみで細切り) 2枚

これでラク！
キッチンばさみを使えばまな板&包丁いらず。道具は皿とラップだけで完結します(あとレンジ)。

卵をたたむのでハムは手前に

手前にハムをチョキチョキ。→

ごはん　100g

トマトケチャップ　小さじ2

コンソメスープのもと　小さじ1/2

ごはんをポン！して調味料とまぜー、↓

POINT

卵でごはんを包まずにたたむだけ！ 見た目をきれいに仕上げられます。

ラップごといきます！

卵を半分に折りたたんで、↗

ざざっと一気に！
POINT
オムライスを皿にスライド。もし中身があふれたら手で〝収納〟してもよし。
ラップを引き抜く！↓
ケチャップをかけ、あれば
ゆでたブロッコリーと半分に
切ったミニトマトを添えて
でき上がり！

スゴ技
4
袋

手を汚さず、タネを作ってしぼり出したり、ポリ袋1つで完結できたりするレシピです。

パタンと折ったら
鶏つくね

ラップと保存袋を使って手を汚さずにつくねを成形します。パタンとたたむだけなので、作業もあっという間！ 卵黄をからめて召し上がれ。

鶏むねひき肉　300g

ねぎ（キッチンばさみでみじん切り）　1/3本（30g）

えのきだけ（キッチンばさみで1cm長さ）　1/3袋（30g）

保存袋の上で切っていくよ

保存袋に材料を入れて、↓

卵　1個

片栗粉　大さじ1

塩　小さじ1/4

POINT
袋の空気を抜きながらタネを端に寄せ、片方の角を1cm切ります。空気を抜くと絞りやすくなるよ！

切るのはこれくらい！

こねたら空気をぎゅーっと抜く。↗

材料(2人分)

鶏むねひき肉…300g、ねぎ…1/3本(30g)、
えのきだけ…1/3袋(30g)、卵…1個、片栗粉…大さじ1、
塩…小さじ1/4、青じそ…8枚、酒…大さじ1、
しょうゆ…大さじ1、砂糖…大さじ1、卵黄…1個分

ラップは長めに敷いてね！

POINT
たたんだときに青じそが表になるよう裏を上にしておきます。

ラップを敷き、青じその裏を上にして並べる。↓

青じその上半分にタネの半量をしぼり出して、→

POINT

ラップでたたむ作業をおよね用語で「ぱふ」といいます。声に出しながらやると、きっと料理が楽しくなりますよ。

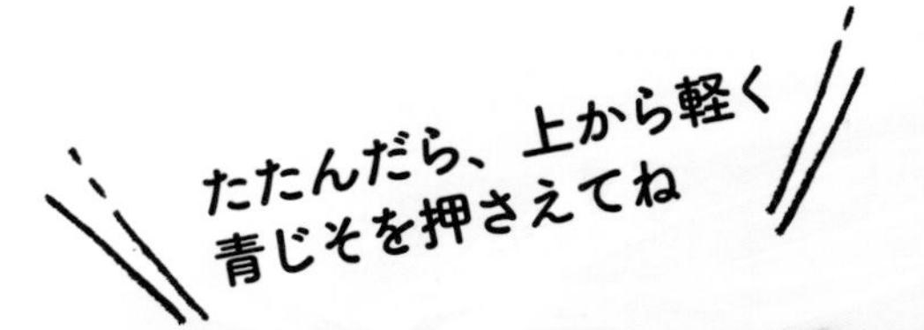

ラップの手前から「ぱふ」っと
半分にたたむ（あと4個作る）。↓

焼き目がついたら
ひっくり返して、酒をざっ！

しょうゆ　大さじ1
砂糖　大さじ1
中火
3分
蒸し焼き
ふたをして蒸し焼きにしてから
調味料をからめて、↓

卵黄を添えて
でき上がり！

この本に登場する調理道具

**およねのスゴ技に欠かせない、大活躍の調理道具です。
どれも時短調理の一役を担ってくれます！**

フライパン

直径24㎝と20㎝のものを使用。軽くてシンプルなデザインがお気に入り。下ごしらえから加熱まで大活躍します。

キッチンばさみ

フォロワーさんから教えてもらった貝印のもの。刃先が長いので、縦に刃を入れれば、厚みがある肉などを切るときもスムーズ。

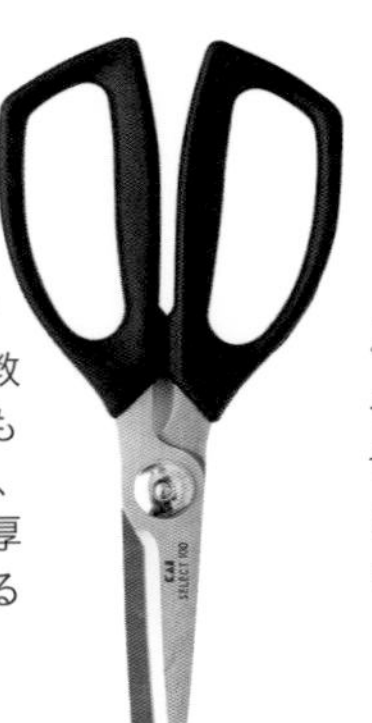

スライサー

せん切り、輪切り、薄切りなど時間がかかるカットを一気に時短できます。

耐熱の皿

調理する皿でそのまま食べるので、料理により大きさに余裕がある平皿や深さがあるものを用意。どんぶりを耐熱ボウルのかわりにしてもOK。

保存袋・ポリ袋

ひき肉をしぼるときは、厚みがあるタイプの保存袋を使用。野菜を漬けるときなどは、より安価なポリ袋がおすすめ。

クッキングシート

フライパンで材料をまぜるときや衣づけの際に使用しています。皿やフライパンの汚れを最小限にとどめてくれる！

アルミホイル

包んだり、ふたがわりにしたりするのに使います。ふたがわりにして加熱する際は、調理道具からホイルがはみ出さないように気をつけて。

フライパン用クッキングシート

クッキングシートを敷いて火にかけるレシピは、専用のシートを使用しましょう。本書では、耐熱温度250度のものを使用。

フライパン用ホイル

メインの食材を加熱する横で、一緒にソースを作る際などに登場。器の形を作ってから使用します。

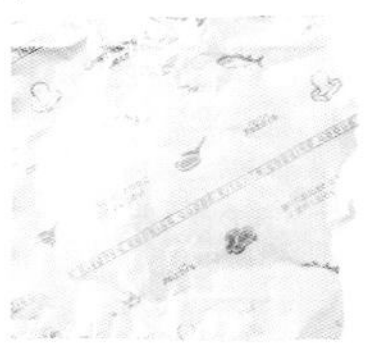

ラップ

まな板や巻きすの代役として使用します。使い終えたらそのまま処分できるので、キッチンを汚しません。

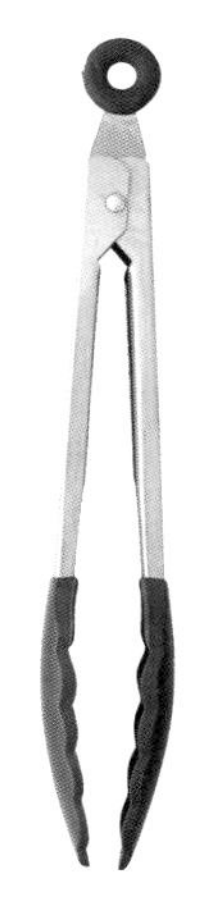

トング

菜箸などでもOKですが、ひっくり返したり、持ち上げたりするときに使用。先がシリコン製だからフライパンを傷つけない！

みじん切り器

みじん切りの時短になる調理道具。本書では、生クリームを泡立てる際に使用。

フライ返し

なくてもいいですが、1つあると便利。ひっくり返すのがラクになります。

この調味料でできています

**味が決まりやすい調味料を使うのも、爆速調理のポイント。
登場回数が多いお気に入りの調味料を紹介します。**

オイスターソース

いため物やシューマイ、餃子、スープなどに使用。コクが出て、おいしく仕上がります。

鶏ガラスープのもと

顆粒タイプを使用。とけやすく味がいいので何度もリピートしています。

白だし

オイスターソースと並んで、「これさえあればおいしくなる調味料」の二大巨頭。味が決まりやすいです。

市販のルウ

とかすだけなので、カレー粉や液体の調味料を使うより、味の調整が簡単。キッチンばさみで細かく切ってとかしやすくします。

コンソメスープのもと

顆粒タイプよりもとけやすい、粉末タイプを使用。食材に直接まぶすこともできます。

しょうがチューブ・にんにくチューブ

すりおろさなくていいので、扱いやすいです。手を汚さなくてすむのもポイント高い！

あると便利な食材

常に切らすことのない、わが家のエース食材たちです。
もちろんほかの食材で代用もできますが、一度は使ってみて！

鶏ひき肉

安価で肉料理には欠かせない！ さっぱり仕上がるむね肉を使うことが多いです。

きのこ類

ヘルシーで、かさ増しにもなるので一石二鳥。ひき肉料理にまぜたり、あんかけに入れたりして使用しています。

裂けるチーズ

ピザ用チーズでも代用できますが、肉に埋め込みやすいのでおすすめ。加熱しても流れ出にくいのもポイント。

のりフレーク

子どもが好きで韓国系の料理やスープに使用しています。味にアクセントをつけたいときにも、パッと使える！

かに風味かまぼこ

かにの風味をしっかり堪能したいので、ちょっとお高めのものをセレクト。まるでかにを食べているかのような気持ちに！

包丁いらず！

野菜の切り方

本書では、まな板と包丁はほぼ使いません。
ここではキッチンばさみを使用しての野菜の切り方を紹介します。

あらいみじん切り（なす）

横に数カ所切り込みを入れたら縦に同様に切り込みを入れ、先端から横に切っていく。

みじん切り（ねぎ）

1

十字をイメージしながら、縦と横に数カ所切り込みを入れる。

2

先端から横に切っていく。

みじん切り（しいたけ）

1

石づきのいちばん下を落とし、軸を細かく切る。

2

かさの半分に、横に数カ所切り込みを入れる。

3

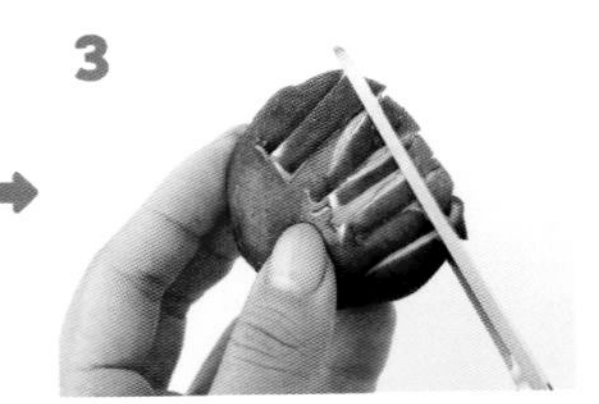

先端から縦に切り、残り半分も同様に切る。

種をとる（ピーマン）

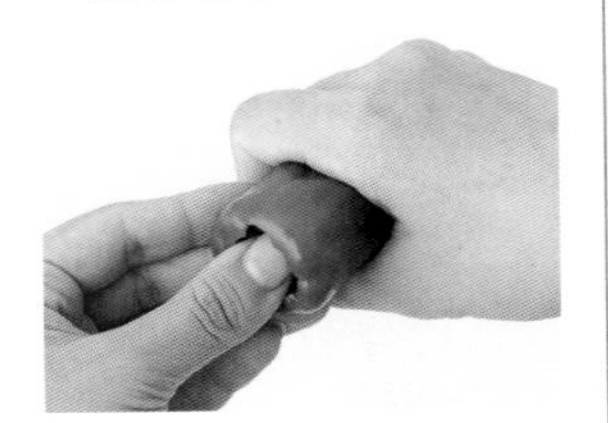

へたを押して穴をあけたら、種ごとへたを引っ張ってとる。

乱切り（ピーマン）

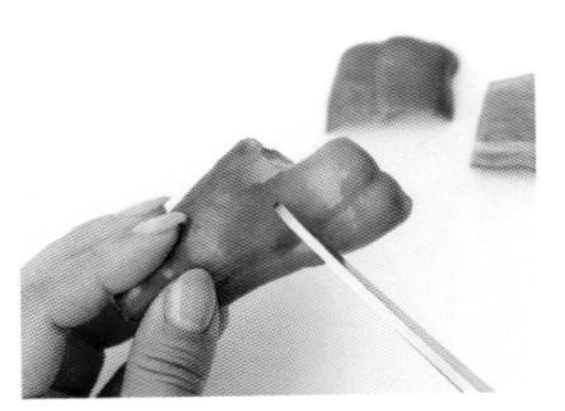

縦5カ所に等間隔の切り込みを入れ、回しながら斜めに切っていく。

斜め切り（ねぎ）

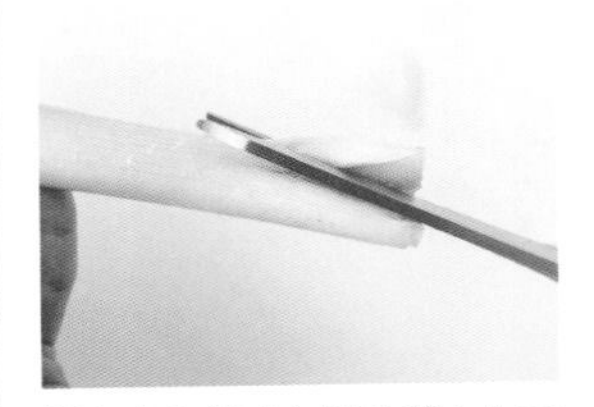

端を少し斜めに切り落としてから、大きく斜めに切っていく。

爆速の秘密！

洗い物を減らすテクニック

調理の片づけをラクにしてこそ、爆速は生まれます。
洗い物を極限まで減らすコツをまとめました。

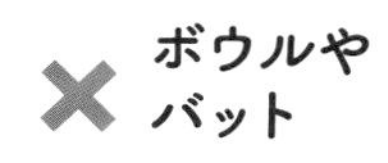

×ボウルやバット

↓

買ってきたままの
トレーかポリ袋か

加熱する
フライパンか

食べる
皿で代用！

調理工程が多くなると増える洗い物も、極力カット。より調理も簡単になって、いいことずくめ！

×まな板 → 加熱する ラップかフライパンか 食べる 皿で代用！

下ごしらえは、使い捨てできるラップの上か、そのまま加熱するフライパンか皿で行います。これで洗い物を1つ削減！

×マッシャー

↓

ラップ＆タオルで代用！

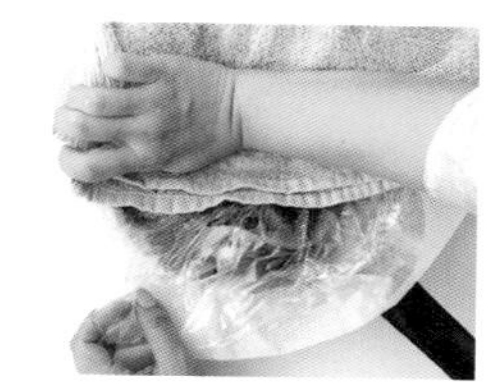

重ねワザと力ワザでマッシャーも不要。手を使ってつぶしているので、作業時間も短くなります。

本書の使い方

本書の活用方法をまとめました。調理を始める前にチェックしてください。

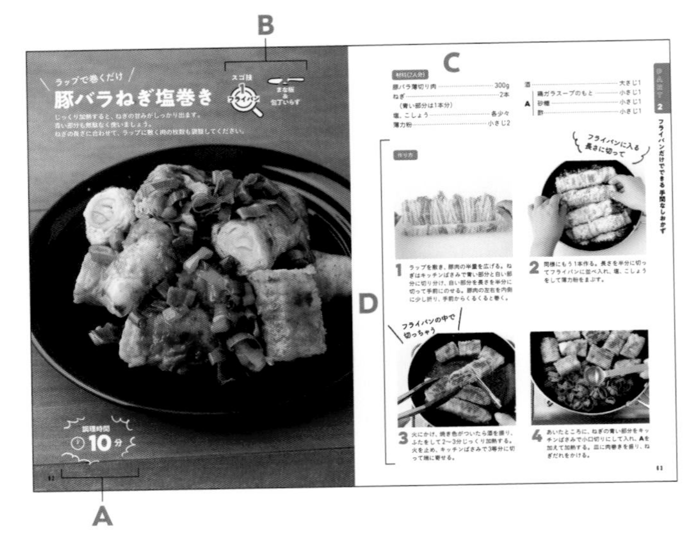

A 作業時間・調理時間
作業している時間、または調理開始から料理が完成するまでの調理時間の目安を示しています。

B アイコン
基本の4つのスゴ技と調理技3つから該当するものを示しています。

C 材料
大人2人分を基本としています。多めに作りたい場合は倍量にするなど調整してください。

D 作り方
レシピの工程を写真つきで紹介しています。

4つのスゴ技

食材の下ごしらえや衣づけなどの準備、加熱までフライパンで完結するレシピ。

調理から食卓に並ぶまで、皿1枚ですべてまかなえるレシピ。

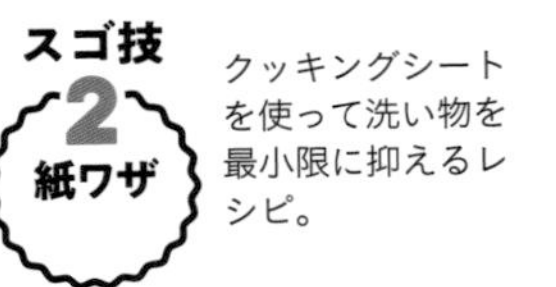

クッキングシートを使って洗い物を最小限に抑えるレシピ。

肉をこねたり、肉ダネを絞り出したり、野菜の下ごしらえをしたりと、手を極力汚さないレシピ。

調理技

キッチンばさみやラップを使い、まな板、包丁を使わずにすむレシピ。

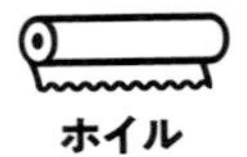

ホイルを使って、洗い物の負担を軽くしているレシピ。

加熱調理を電子レンジのみで行っているレシピ。放っておけるので、作業の時短になります。

レシピの決まり

- 大さじ1は15mℓ、小さじ1は5mℓです。
- 食材を洗う、皮をむく、種をとるなどの工程は一部省いています。適宜行ってください。
- 野菜は特別な表記がない場合、中サイズを使用しています。
- 麺つゆは3倍濃縮のものを使用しています。
- コンソメスープのもとは粉末タイプを使用しています。
- 電子レンジは600Wを基準にしています。500Wの場合は1.2倍、700Wの場合なら0.8倍の時間で加熱してください。オーブントースターは1300Wを基準にしています。
- 火かげんは特別な表記がない場合、中火です。
- 加熱時間は目安です。機種や環境により加熱時間は多少異なるので、様子を見ながらかげんしてください。

PART 1

人気のレシピ集めました！

InstagramやTikTokで、
フォロワーさんから好評のレシピを紹介します。
あまりの簡単さに、一度作ったら
もう普通の作り方には戻れないかも!?
きっと毎日の料理が楽しくなります。

＼食べたら絶対／
しいたけシューマイ

安定の1位！ でき上がりは大きな肉のかたまりなので、トングやフライ返しを使って皿に移して。最後にカットすれば、誰がどう見てもシューマイになります。

材料(2人分)

豚ひき肉……350g
しいたけ……12個
ワンタンの皮……8〜12枚
むき枝豆(冷凍)……12粒
キャベツ……4枚(160g)

A
- しょうゆ……大さじ1
- 酒……大さじ1
- オイスターソース……大さじ1/2
- 砂糖……小さじ1
- 塩……小さじ1/4

水……150mℓ

作り方

1 ひき肉のトレーに、しいたけを石づきをキッチンばさみで細かく切って入れる。**A**を加えてこね、平らにする。

ころっとまん丸なものを選ぶと埋めやすい

2 しいたけを整列させ、軽く押さえて埋め込む。

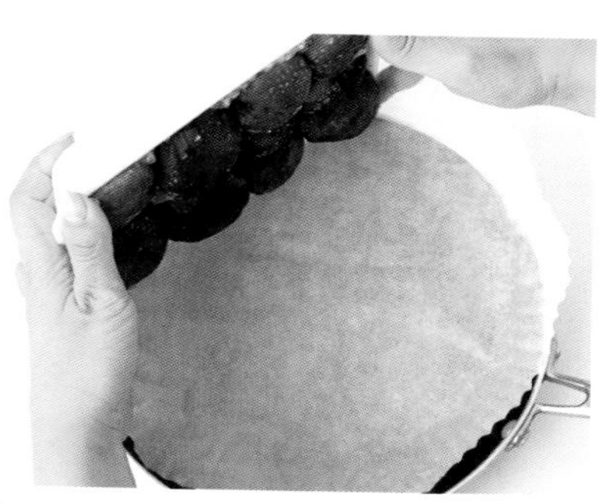

3 フライパンにフライパン用クッキングシートを敷き、その上に**2**を逆さにして入れる(しいたけが下に、ひき肉が上になる)。

4 肉ダネをワンタンの皮でおおい、まん中に枝豆を埋め込み、周りに手でちぎったキャベツを入れる。

シューマイの皮でもいいけど大きいほうが並べやすい

これで口に入れればシューマイになる

5 シートの外側に水を注ぎ、ふたをして15〜20分蒸し焼きにする。キャベツを皿に盛り、その上にシューマイをのせてキッチンばさみで切る。

惜しくも第2位

＼フライパンを汚さない／

ツナペイ焼き

オムライス（p.16）もですが、フライパンで卵をきれいに巻けるかはほとんど運次第。クッキングシートごといけば、きっと失敗ゼロ革命！ はがれやすくするため、シートに油をひいて。

REAL VOICE
クッキングシートの魔術師ですか？
この焼き方最高！

REAL VOICE
洗い物がゼロ!? なんて画期的！

調理時間 10分

スゴ技 1 フライパン

スゴ技 2 紙ワザ

まな板＆包丁いらず

材料(1人分)

卵……2個
キャベツ……1/8個(100g)
ツナ缶(水煮)……1缶(70g)
揚げ玉……大さじ1
ピザ用チーズ……50g
サラダ油……大さじ1/2
塩……少々
A 中濃ソース、マヨネーズ、かつお節、青のり、七味(または紅しょうが)……各適量

作り方

1 フライパンにフライパン用クッキングシートを敷き、サラダ油を薄くひく。卵を割り入れ、ときほぐして火にかけ、平らにしたら火を止める。

お好みでキムチを入れてもおいしい！

2 キャベツをスライサーでせん切りにして卵の半面にのせ、その上に汁けをきったツナをのせ、揚げ玉、チーズを散らし、塩を振る。

熱いので、やけどに注意！

3 シートごと半分に折りたたんで、再び火にかけ、3分ほど加熱する。

4 ひっくり返して1分ほど加熱したら、シートごと持ち上げて皿に移し、シートをはがして引き抜いたら、**A**をかける。

＼裂けるチーズで！／

人気の第3位

甘辛チーズインささ身

まん丸なフォルムも愛らしい甘辛チーズインささ身が3位に。
果たしてチーズは流れ出るのか、出ないのか!?
ドキドキしながら焼いてみてください（笑）。

スゴ技 1 フライパン

REAL VOICE
アイデア力抜群ですね！
およねさんの料理は本当に参考になります。

作業時間 10分

REAL VOICE
裂けるチーズにこんな埋め込みワザが！
早速試してみます!!

材料(2人分)

鶏ささ身……………………………8本
裂けるチーズ………………………1と1/2本
片栗粉……………………………大さじ1と1/2

A
- しょうゆ…………………大さじ1と1/2
- 砂糖………………………大さじ1と1/2
- コチュジャン………………大さじ1

サラダ油…………………………大さじ3
いり白ごま…………………………適量

作り方

縦にはさみを入れるのがコツ

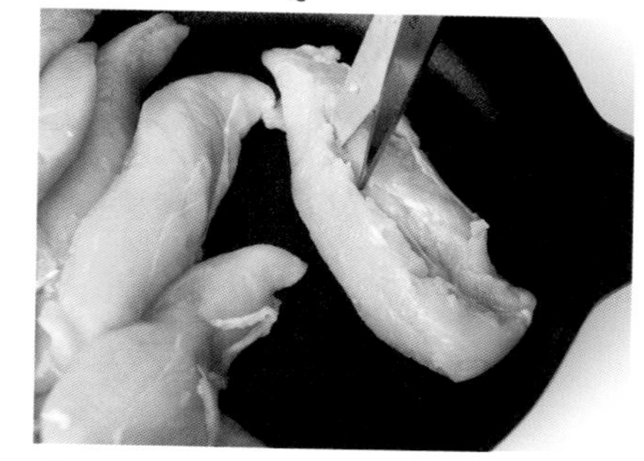

1 フライパンにささ身を入れ、キッチンばさみで筋をとり、まん中に切り込みを入れる(下まで切り落とさないように注意)。

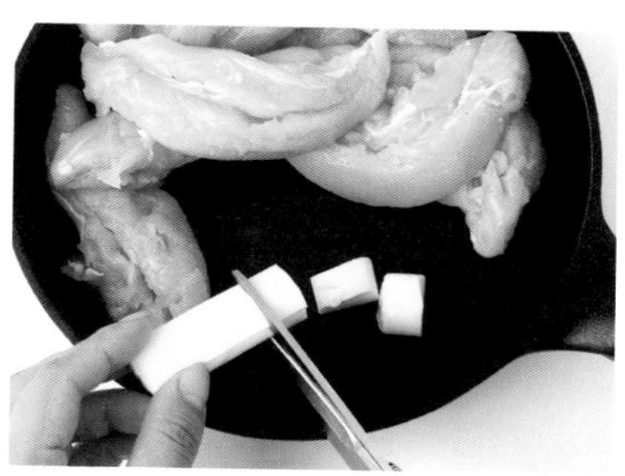

2 裂けるチーズは1cm厚さに切る。

あいたところでチョキチョキ

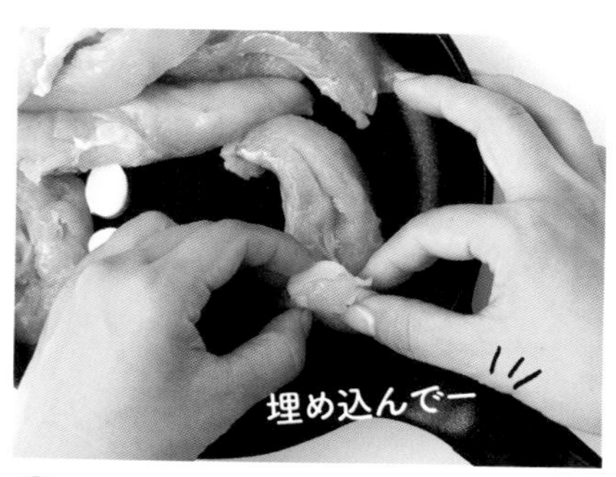

3 **1**の切れ込みに**2**を入れて丸め、閉じ目を下にして並べる。

4 片栗粉を振って全体にまぶし、隙間にサラダ油を入れて火にかける。

5 火が通ったら、余分な油をキッチンペーパーでふきとり、合わせた**A**を加えてからめる。皿に盛り、ごまを振る。

みじん切りなし！
巻かない棒餃子

野菜のみじん切りと、タネを包む手間を省いた画期的な棒餃子です。1回に並べる皮の枚数は、作業台の広さに応じてどうぞ。
10個以上食べたい人は倍量で作ってみて！

実は第4位

作業時間 10分

REAL VOICE
ひょーいが鮮やかすぎる！神業ですね。

REAL VOICE
餃子の包み方が目からウロコ！なんてラクなんだ。

スゴ技1 フライパン

スゴ技4 袋

まな板&包丁いらず

材料(2人分)

鶏ひき肉……150g
せん切りキャベツ(市販)……35g
ねぎ……1/6本(15g)
えのきだけ……1/5袋(20g)
餃子の皮……大10枚

A
オイスターソース……大さじ1/2
しょうゆ……大さじ1/2
鶏ガラスープのもと……小さじ1/2
しょうがチューブ……小さじ1/2
塩……少々

サラダ油……大さじ1/2
水……大さじ2

作り方

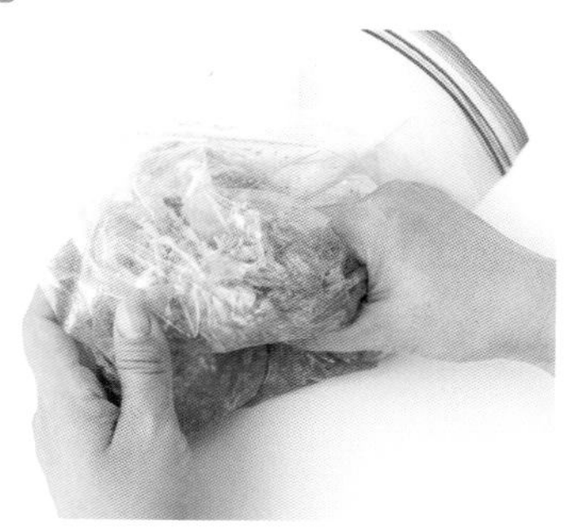

1 保存袋にひき肉とキャベツを入れ、ねぎはキッチンばさみでみじん切りに、えのきだけは5㎜〜1㎝長さに切って加える。**A**を加えてこね、袋の空気を抜いて片方の角を1㎝切る。

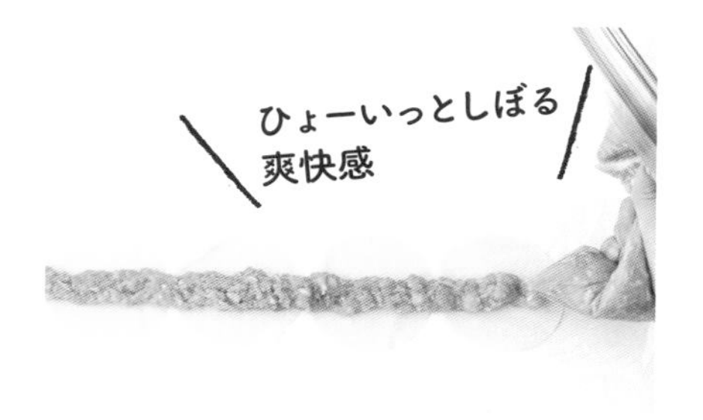

2 長めにラップを敷き、餃子の皮を5枚並べて皮の端から端までタネの半量をしぼる。

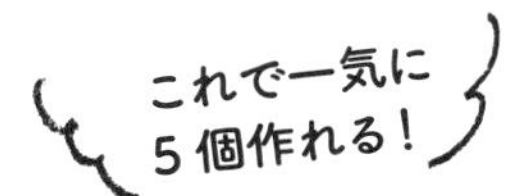

3 ラップの手前を持ち、肉に皮を合わせるように折りたたむ。皮の上半分に水をつけて、奥から手前に折りたたんでタネを包む。ラップを開き、肉をちぎりながら5個に分けて、フライパンに並べ入れる。残りも同様に作る。

4 サラダ油を回し入れ、2分ほど加熱する。焼き色がついたら水を加え、ふたをして5分ほど蒸し焼きにする。ふたをはずし、加熱して水分を飛ばす。

整列して巻けば

やっぱり 第5位

青じそ巻きとんかつ

夕飯に出すと喜ばれるフライ。作るのは面倒だけど、
クッキングシート1枚さえあればなんとかなる！
衣づけにバットは不要です。フライパンですべて完結します！

スゴ技1 フライパン
スゴ技2 紙ワザ
まな板&包丁いらず

REAL VOICE
省エネ無駄なし！
フライパンで下ごしらえいいかも〜！

REAL VOICE
やりたくて仕方ない！
今すぐ材料買ってきます！

調理時間 20分

材料(2人分)

豚ロース薄切り肉……360g
青じそ……9枚
スライスチーズ……3枚
薄力粉……大さじ1
卵……1個
パン粉……50g
サラダ油……100mℓ

作り方

1 長めにラップを敷き、豚肉の1/3量を重ねて並べる。手前に青じそ3枚を並べ、スライスチーズ1枚を3等分にちぎってのせる。

2 豚肉の左右を内側に少し折り、手前からラップごとくるくると巻く。同様にあと2本作る。

引き抜くときに卵液ができるだけ落ちないように注意！

3 フライパンにクッキングシートを敷き、**2**を入れる。肉に薄力粉をまぶし、あいたところに卵をときほぐし、肉につけたらシートを引き抜く。

4 パン粉をまぶす。

パン粉は肉全体にしっかりとつけてね

5 フライパンにサラダ油を注ぎ、揚げ焼きにする。皿に盛り、キッチンばさみで食べやすい大きさに切る。

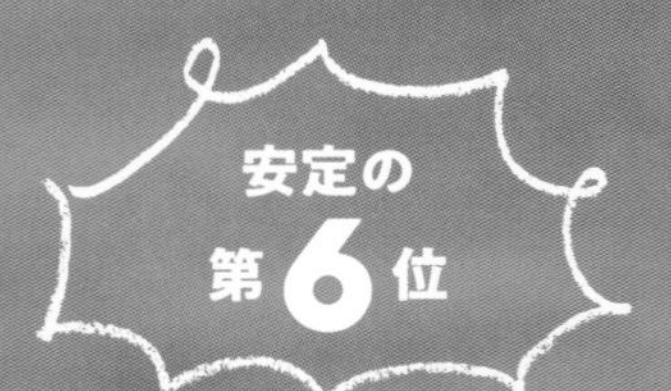

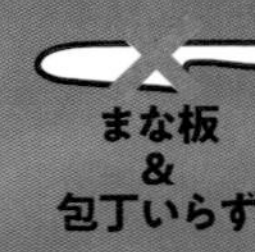

電子レンジ

REAL VOICE
洗い物少なすぎる！
最高です。

REAL VOICE
作り方、賢すぎます。
簡単なのにおいしそう！

肉みそもレンジで

ジャージャー麺

調理時間 10分

この調理法は名づけて「必殺！ 重ね紙レンジ」です。
クッキングシートを敷いてあんも作ります。
最終的には一緒に食べるので、途中で汁が麺に落ちても大丈夫です。

材料(1人分)

焼きそば麺……1袋
豚ひき肉……100g
しいたけ……1個
ねぎ……1/6本(15g)
きゅうり……1/6本(15g)
A
しょうゆ……大さじ1
酒……大さじ1
テンメンジャン(またはみそ)……大さじ1/2
片栗粉……小さじ2
砂糖……小さじ1
鶏ガラスープのもと……小さじ1/2

水……100mℓ
好みでしらがねぎ……適宜
ごま油……小さじ1/2

作り方

1 焼きそば麺の袋の口を切って電子レンジで20秒加熱したら、深めの耐熱皿に麺を出し、水大さじ1(分量外)を入れてほぐす。

シートが破れないようにまぜてね

2 上にクッキングシートを敷き、ひき肉を入れ、しいたけとねぎはキッチンばさみでみじん切りにして加える。**A**を加えてまぜ、平らにする。

3 水を注ぎ、よくまぜてふんわりとラップをし、電子レンジで3分ほど加熱する。いったんとり出してよくまぜ、再度ふんわりとラップをし、2分ほど加熱する。

4 ラップをはずし、シートを引き抜き、麺の上にあんをかける。せん切りにしたきゅうりと好みでしらがねぎをのせ、ごま油を回しかける。

調理時間 20分

REAL VOICE
なす好きの私のためのレシピだ！
おいしすぎた〜！

REAL VOICE
保存袋の使い方！
しぼり出しが気持ちいい！

結果的に第7位

＼手を汚さない／

なすの挟み揚げ

スゴ技

スゴ技

なすの挟み揚げは、輪切りにしたなすにタネを挟むのが一般的。でも、保存袋を使ってタネをしぼり出す方式にすれば、こんなにラクちん！

材料(2人分)

鶏ひき肉……………………………200g
ねぎ……………………………1/6本(15g)
青じそ……………………………………4枚
なす………………………………………3個
塩…………………………………………少々
しょうゆ…………………………大さじ1
薄力粉……………………………大さじ1
サラダ油…………………………大さじ4
麺つゆ……………………………………適量

作り方

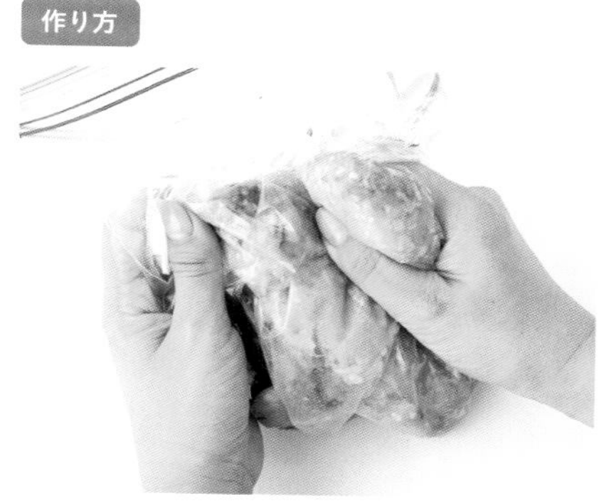

1 保存袋にひき肉を入れ、ねぎと青じそはキッチンばさみでみじん切りにして加える。塩、しょうゆを加えてよくこね、袋の空気を抜いて片方の角を1cm切る。

2 なすは包丁で縦半分に切り、まん中に切り込みを入れる。

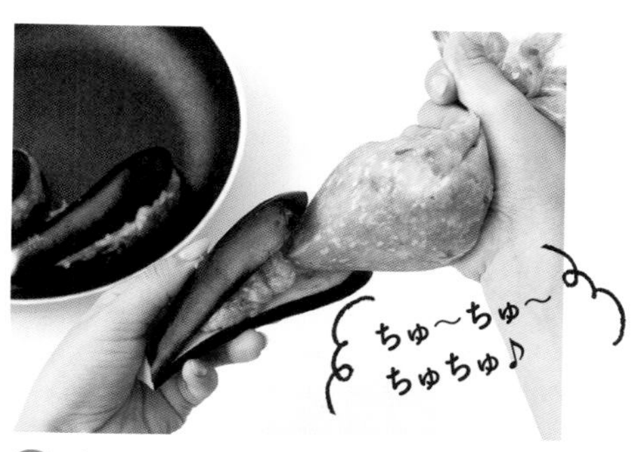

3 切れ込みに**1**をしぼり出し、フライパンに並べていく。

4 薄力粉をまぶす。

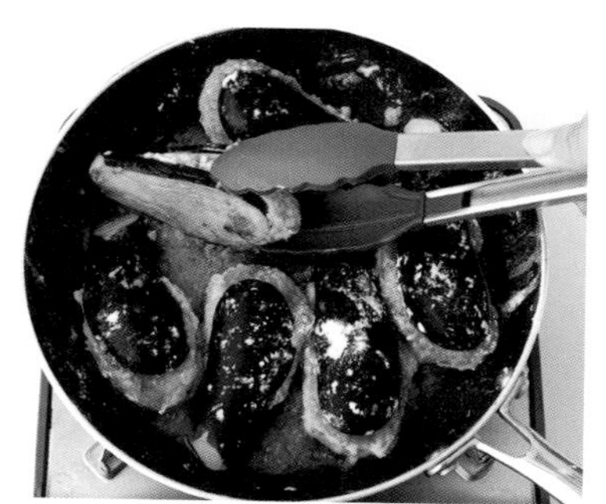

5 サラダ油を回し入れ、揚げ焼きにする。焼き色がついたらひっくり返して、火を通す。皿に盛り、麺つゆを添える。

人気だけど
第8位

REAL VOICE
チヂミってこんな簡単にできるんだ！ 絶対作る！

REAL VOICE
水や卵なしでいけるの!?
野菜たっぷり最高〜！

作業時間 10分

スライスするだけ
じゃがいもチヂミ

片栗粉をしっかりなじませてじっくり加熱するのがポイント！
外はカリッ、食べるともちもち〜の食感がたまりません。

スゴ技
1フライパン

まな板
&
包丁いらず

材料(2人分)

じゃがいも……1と1/2個
あさり(冷凍)……50g
にら……1束
にんじん……1/4本(50g)
むきえび……3尾
A 鶏ガラスープのもと……小さじ1/2
A 片栗粉……大さじ1
A 塩……少々
ごま油……大さじ1/2

〈たれ〉
ポン酢しょうゆ……大さじ1
砂糖……小さじ1
ごま油……小さじ1/2
いり白ごま……小さじ1/4
好みでコチュジャン……適宜

作り方

1 じゃがいもは皮つきのままスライサーで細切りにしてフライパンに入れ、キッチンペーパーで軽く水けをふく。

2 あさりを入れ、にらはキッチンばさみで3cm幅に、にんじんはスライサーでせん切り、えびは1cm大に切って加える。

3 Aを加えてよくまぜる。ごま油を回し入れ、4〜5分加熱する。

4 皿に移し、ひっくり返してフライパンに戻し入れ、4〜5分じっくり火を通す。皿に盛り、キッチンばさみで食べやすく切る。たれの材料を合わせて添える。

鍋いらず！

マロニーで冷麺風

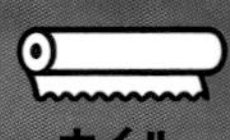

コシのあるマロニーで、冷麺風に。氷を入れて
キンキンに冷やすとさらにおいしいです。
冬の鍋だけじゃないマロニーを、夏にも活躍させてあげてください。

さりげなく
第9位

REAL VOICE
ゆで卵もレンジで
いけるなんて衝撃！

REAL VOICE
超早くできてスゴい！
センスよすぎます。

材料(1人分)

- マロニー……80g
- 卵……1個
- 鶏ささ身……1本
- キムチ……50g
- きゅうり……1/3本(30g)
- 熱湯……500mℓ
- A
  - 白だし……大さじ1と1/2
  - 鶏ガラスープのもと……小さじ1
  - 砂糖……小さじ1/2
  - オイスターソース……小さじ1/2
  - 水……150mℓ
- いり白ごま……適量
- 好みで酢……適宜

作り方

浸っていれば
安全です

鍋いらず
その1

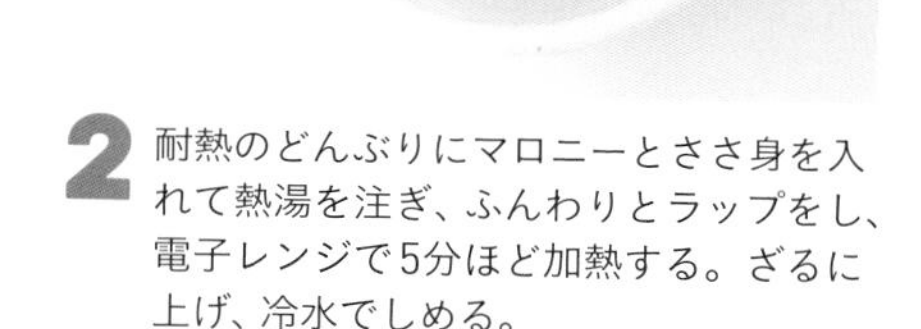

1 卵はアルミホイルにくるんで耐熱のマグカップに入れ、つかるくらいの水を注ぐ。ふんわりとラップをし、電子レンジで9分ほど加熱し、殻をむく。

2 耐熱のどんぶりにマロニーとささ身を入れて熱湯を注ぎ、ふんわりとラップをし、電子レンジで5分ほど加熱する。ざるに上げ、冷水でしめる。

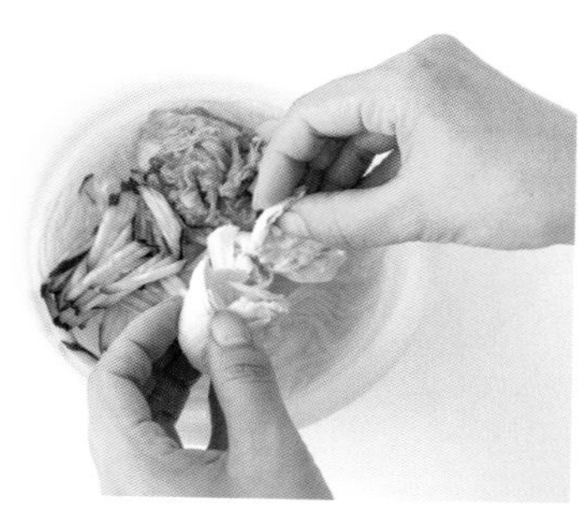

3 **2**のどんぶりに**A**を入れてとき、マロニーとささ身を戻し入れる。

鍋いらず
その2

4 キムチとせん切りにしたきゅうりをのせ、ささ身は食べやすい大きさにほぐす。半分に切った**1**をのせ、ごまを振り、好みで酢をかける。

滑り込んだ
第10位

揚げそうめんで
レンチン皿うどん

お次は余ったそうめんの転生術です。
昼にゆですぎたそうめんを処理するのは、母の役目なのか問題。
こうして夜ごはんに出せば、みんなハッピー！

電子レンジ

まな板
&
包丁いらず

REAL VOICE
そうめんなのにそうめんっぽくない！
(いい意味で)

REAL VOICE
まさに、わが家でもそうめん余ってました。
やってみます！

作業時間
5分

材料(1～2人分)

ゆでそうめん……………………2束分
むきえび(冷凍)…………………4尾
あさり(冷凍)……………………30g
キャベツ………………………1枚(40g)
豚こまぎれ肉……………………80g
コーン缶…………………………20g

A
白だし……………………大さじ1と1/2
片栗粉……………………大さじ1
鶏ガラスープのもと…………小さじ1
砂糖………………………小さじ1
塩…………………………少々
湯…………………………200mℓ

揚げ油……………………200mℓ

作り方

1 170度の油でそうめんを10分ほど揚げる。色が変わったらひっくり返し、カリカリになるまで5分ほど揚げて油をきり、皿に移す。

2 耐熱ボウルにえび、あさりを入れる。キャベツはひと口大にちぎり、豚肉はキッチンばさみで食べやすい大きさに切って加える。

3 汁けをきったコーン、**A**を加えてまぜる。

4 ふんわりとラップをし、電子レンジで2分ほど加熱する。とり出してまぜ、ふんわりとラップをし、2分ほど加熱してまぜる。**1**にかける。

＼教えて！／

COLUMN 1

およねさんQ&A

爆速レシピが生まれるきっかけや普段の料理について、
気になる質問にお答えしました！
ゆるく、楽しく、読んでみてください。

Q. どうやって爆速レシピを生み出したのですか？

A. がさつ・せっかち・大ざっぱなもので……。王道のやり方に疑いの目を向けて、別の方法を試したくなる。簡単に言うと、ひねくれ精神から誕生しています（笑）。「合理的簡素化」ととらえていただけたらうれしいです（笑）。

Q. 料理が好きな理由を教えてください。

A. 家族から「まずい」と言われたことがないからかも。15歳くらいのころ、ちょっと背のびをして、赤ワインソースのチキンソテーを作ってみたんです。見るも無惨な完成品だったけど（笑）、そのとき両親が「うん、独特だけど普通にいける」と淡々と食べてくれたおかげで、料理が好きなままでいられた気がします。今は、夫や娘が毎回私のごはんを楽しみにしてくれていることが、日々のモチベーションになっています（4歳の息子は食わず嫌い期のまっただ中）。

Q. 食材の買い物はどうしていますか？

A. 2日に1回はスーパーに行っていて、買いだめはあまりしないです。だってほら、その日食べるものはその日決めたい（格好つけましたが計画性がないのです）。

Q. お気に入りのキッチングッズは？

A. 紙！ 袋！ キッチンばさみ！ それぞれに無限の可能性を見いだすことに使命感を覚えています。

Q. 夕食はいつも何品作っていますか？

A. メインのおかずを1〜2品、汁物1品、副菜1品の計4品くらいが多いです！ 気力ゼロのときは「どんぶりドーンで堪忍ね」となる日もあります。人間だもの。

Q. いちばんの得意料理を知りたいです！

A. 揚げ物全般。食べるのが好きなのでよく作りますが、なかでも甘辛チキチキボーン（p.89）は、自信作のほめられ料理です！

PART 2

フライパンだけでできる

手間なしおかず

フライパンさえあれば、
ボウルやバットなどの調理道具とは無縁。
洗い物を増やさずに、加熱まで一気に仕上げられます。
何度も作りたくなるおかずをたくさん集めました。

＼ 失敗しない！ ／

フライパンローストビーフ

パーティ料理の顔も、フライパン1つで。放置している時間が長いので見た目ほど難しくないうえに、作業する時間はたったの5分です！

材料(2人分)

牛ももかたまり肉……350g

A
- にんにくチューブ……大さじ1
- しょうがチューブ……大さじ1
- 塩……小さじ1
- こしょう……少々

赤ワイン……200mℓ
フリルレタス(あれば)……2枚
レモン(あれば)……1/4個

作り方

これでもかというくらいに塗る

1 牛肉は室温にもどしてフォークで全面を数カ所刺し、Aを塗って10分以上おく。

2 熱したフライパンに1を入れ、全面に焼き色をつける。

ホイルはフライパン内に収めて

ふたに使ったホイルも無駄にしない(ドヤ顔)

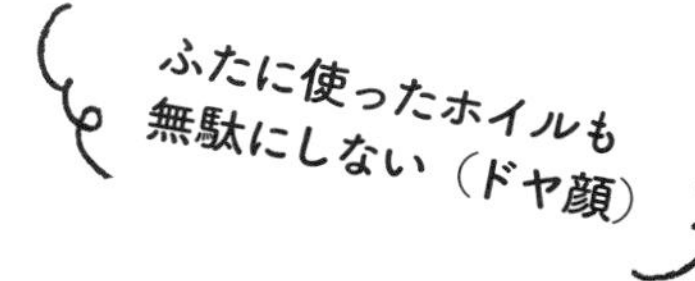

3 赤ワインの半量を注ぎ、ホイルでふたをして4分ほど加熱する。上下を返し、残りの赤ワインを注いでアルミホイルでふたをし、さらに4分ほど加熱する。

4 3のホイルで牛肉を包み、余熱で10分以上おく。あればフリルレタスを皿に敷き、ローストビーフを薄く切り分けて盛り、あればくし形に切ったレモンを添える。

フライパンで完結！

絶品とんてき

肉を切るのも、粉をまぶすのもフライパンの中ですべてやってしまいましょう。
加熱すると肉が縮むので、しっかり切り込みを入れて。ごはんが進む、ガツンとくる味です。

調理時間 10分

スゴ技

まな板
&
包丁いらず

材料(2人分)

豚肩ロース肉(ステーキ用)……2枚
塩、こしょう……各少々
薄力粉……小さじ2
にんにく……1かけ
サラダ油……大さじ1/2
酒……小さじ2

A
- オイスターソース……大さじ1
- 中濃ソース……大さじ1/2
- 砂糖……小さじ1/2

フリルレタス(あれば)……4枚
トマト(あれば)……1個

1 フライパンに豚肉を入れ、キッチンばさみで筋切りし、手前半分に切り込みを入れる。

サラダ油は
にんにくを目がけて!

2 塩、こしょうをし、薄力粉をまぶす。にんにくを加えてサラダ油をかけ、火にかける。

3 両面に焼き色がついたら、余分な油をキッチンペーパーでふきとり、酒を振り、ふたをして2〜3分蒸し焼きにする。

4 **A**を加えてからめ、とろみがつくまで汁けを飛ばす。あればフリルレタスを皿に敷いてとんてきを盛り、あればくし形に切ったトマトを添える。

＼ 別揚げ不要！ ／

豚こま酢豚

スゴ技 1 フライパン

まな板 & 包丁いらず

酢豚の定番具材のにんじんや玉ねぎは使わず、
火の通りが早い野菜だけを使います。
作るハードルも下がりますよ。
たれが多めなので、オンザライスにしても◎。

作業時間 10分

材料(2人分)

豚こまぎれ肉……250g
もやし……70g
ピーマン……1個
塩……少々
片栗粉……小さじ2
サラダ油……大さじ2

A
酢……大さじ3
しょうゆ……大さじ3
砂糖……大さじ3
トマトケチャップ……大さじ2
水……100㎖

水どき片栗粉(片栗粉大さじ1を同量の水でとく)

作り方

1 フライパンに豚肉を入れ、塩をしてひと口サイズに丸める。

2 片栗粉をまぶし、サラダ油を入れ、火にかける。

3 こんがりと焼いたら火を止め、キッチンペーパーで余分な油をふきとる。もやしと、キッチンばさみで乱切りにしたピーマンを入れ、中火で火を通す。

4 **A**を加えて沸騰したら水どき片栗粉を回し入れ、とろみをつける。

本当に巻くだけ

豚こまでくるくる春巻き

具を作ってから皮で包むような、
本来の作り方からは逸脱していますが、
簡単なほうが何度も作ろうと思えますよね。
口に入れたらちゃんと春巻きです！

まな板
&
包丁いらず

作業時間
10分

材料(2人分)

豚こまぎれ肉……200g
春巻きの皮……5枚
にんじん……1/3本(65g)
にら……7〜8本

A
しょうゆ……大さじ1
オイスターソース……大さじ1
砂糖……小さじ1

サラダ油……大さじ3

作り方

堂々とトレーの中で
下味をつけましょう

1 豚肉のトレーに**A**を加えてもみ込む。

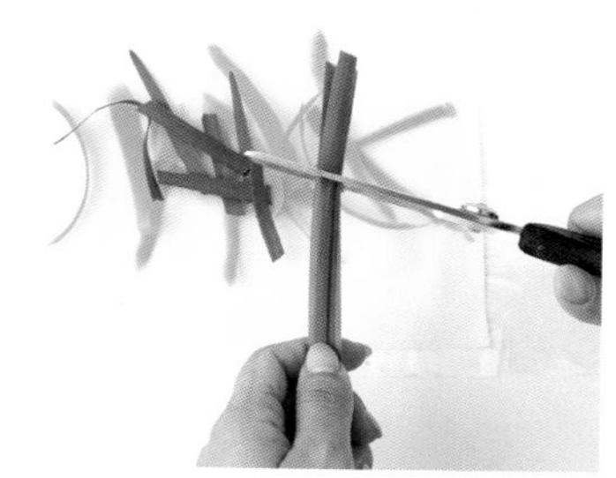

2 長めにラップを敷き、春巻きの皮をおく。にんじんはピーラーで薄切りにし、にらはキッチンばさみで3㎝幅に切って手前にのせる。

くるくるするだけ
だから簡単！

3 **1**を広げてのせ、手前からラップごとくるくると巻く。手で水を塗って、巻き終わりを留める。同様にあと4本作る。

4 フライパンに**3**の閉じ目を下にして並べ、サラダ油を回しかけて揚げ焼きにする。

ラップで巻くだけ

豚バラねぎ塩巻き

スゴ技1 フライパン

まな板＆包丁いらず

じっくり加熱すると、ねぎの甘みがしっかり出ます。
青い部分も無駄なく使いましょう。
ねぎの長さに合わせて、ラップに敷く肉の枚数も調整してください。

調理時間 10分

材料(2人分)

豚バラ薄切り肉 …… 300g
ねぎ …… 2本
（青い部分は1本分）
塩、こしょう …… 各少々
薄力粉 …… 小さじ2
酒 …… 大さじ1
A 鶏ガラスープのもと …… 小さじ1
A 砂糖 …… 小さじ1
A 酢 …… 小さじ1

作り方

1 ラップを敷き、豚肉の半量を広げる。ねぎはキッチンばさみで青い部分と白い部分に切り分け、白い部分を長さを半分に切って手前にのせる。豚肉の左右を内側に少し折り、手前からくるくると巻く。

フライパンに入る長さに切って

2 同様にもう1本作る。長さを半分に切ってフライパンに並べ入れ、塩、こしょうをして薄力粉をまぶす。

フライパンの中で切っちゃう

3 火にかけ、焼き色がついたら酒を振り、ふたをして2〜3分じっくり加熱する。火を止め、キッチンばさみで3等分に切って端に寄せる。

4 あいたところに、ねぎの青い部分をキッチンばさみで小口切りにして入れ、**A**を加えて加熱する。皿に肉巻きを盛り、ねぎだれをかける。

まな板
&
包丁いらず

ホイルが万能

お店のカレーソースハンバーグ

作業時間 10分

ホイルを使って、ハンバーグの横でカレーソースを作ります。カレーもハンバーグも一度に食べたいという、ぜいたくな願いをかなえる一品（わかる人にはわかる、あのお店風です）。

材料(2人分)

合いびき肉……300g
卵……1個
A パン粉……大さじ1
A しょうゆ……大さじ1/2
A 塩、こしょう……各少々
ごはん……適量

〈**カレーソース**〉
合いびき肉……50g
カレーのルウ……2かけ
水……200mℓ
カット野菜(市販・あれば)……適量
ミニトマト(あれば)……適量

作り方

1 フライパンにひき肉を入れ、卵を割り入れる。**A**を加え、よくこねて2等分する。

2 俵形に成形してフライパンの半面に並べる。あいたところにフライパン用ホイルで器を作り、カレーソース用のひき肉を入れて火にかけ、ときどきまぜながらいためる。

細かく切ると
とけるのが早い!

3 ハンバーグに焼き目がついたらひっくり返す。**2**のホイルにカレーソース用の水を加え、カレーのルウをキッチンばさみで細かく切って加える。

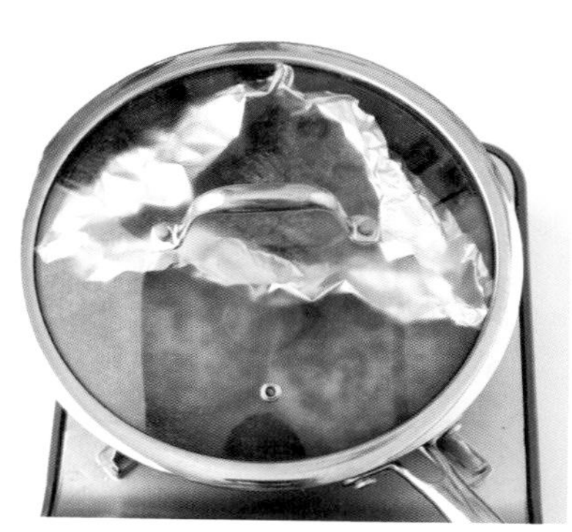

4 ふたをして2〜3分加熱する。ふたをとり、カレーソースをまぜ、1〜2分加熱してソースの水分を飛ばす。皿にごはんとハンバーグを盛ってカレーソースをかけ、あれば野菜とミニトマトを添える。

油揚げにイン！

巾着煮込みバーグ

ハンバーグの成形やトッピングの目玉焼きなどは
すべて油揚げにお任せしました。
卵白が流れ出ても気にしないで！
おなかに入っちゃえば一緒です。

スゴ技

スゴ技

まな板
&
包丁いらず

作業時間
10分

材料(2人分)

油揚げ……………………………………2枚
卵 ………………………………………2個
豚ひき肉 ……………………………200g
（合いびき肉でもOK）
にんじん …………………… 1/6本(30g)
しめじ……………………… 1/3袋(40g)

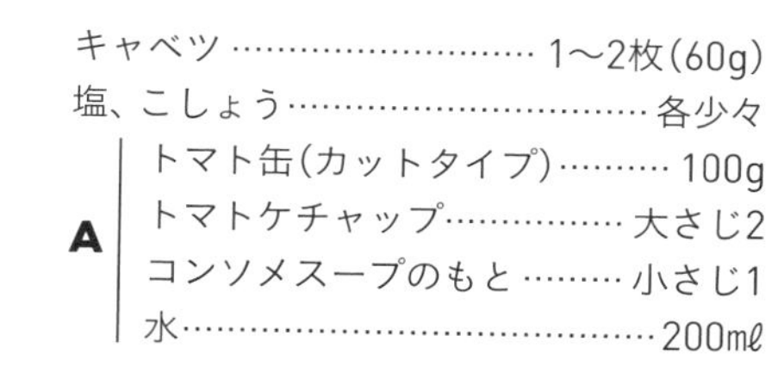

キャベツ ……………………… 1〜2枚(60g)
塩、こしょう……………………………各少々
A トマト缶(カットタイプ)……… 100g
A トマトケチャップ……………… 大さじ2
A コンソメスープのもと……… 小さじ1
A 水……………………………………200mℓ

作り方

1 油揚げの短い辺を1カ所だけ手で裂いて袋を作る。指で油揚げを開きながらフライパンの上で卵を割り入れる。

2 保存袋にひき肉、塩、こしょうを入れてこね、袋の空気を抜いて片方の角を1㎝切る。油揚げにしぼり入れ、口を後ろに折りたたむ。

3 折った面を下にしてフライパンに並べ入れ、火にかける。両面に焼き色がついたら、再び折った面を下にして、**A**を加える。にんじんはピーラーで薄切り、しめじは手でほぐし、キャベツはひと口大にちぎって入れる。

4 ふたをして10分ほど煮込む。

＼トマトソースも一緒に／

チキンステーキ

せっかちすぎて、チキンステーキとソース作りを同時進行にしてみました。
フライパンもほぼ汚れないから、洗い物もラク！ 皮パリ食感を楽しんでください。

調理時間 15分

スゴ技 1 フライパン

まな板&包丁いらず

ホイル

材料(2人分)

鶏もも肉……2枚
塩、こしょう……各少々

〈トマトソース〉
トマト缶(カットタイプ)……100g
しめじ……50g
にんにく……1かけ
コンソメスープのもと……小さじ1
オリーブオイル……小さじ1
砂糖……小さじ1/2

作り方

1 フライパンに鶏肉を入れ、キッチンばさみで余分な脂や筋をとり、数カ所切り目を入れる。

2 両面に塩、こしょうをする。皮目を下にして火にかける。

3 皮がカリッとしたらひっくり返す。火を止めて、鶏肉を端に寄せ、あいたところにフライパン用ホイルで器を作り、トマトソース用のにんにく、オリーブオイルを入れて、再び火にかける。

4 香りが立ったら、しめじ以外の残りのトマトソース用の材料をすべて加えて2分ほど加熱する。ふつふつしたら、しめじを手でほぐし入れて軽くまぜながら煮詰め、ふたをして2分ほど加熱する。皿にチキンステーキを盛り、トマトソースをかける。

フライパンで全部

チキンみぞれ煮

調理時間 20分

手間がかかるみぞれ煮も、フライパン1つで作り切りました。
どこか懐かしさが感じられる、ほっとする味わい。
大根おろしはしぼらずに、汁ごといきましょう。

まな板&包丁いらず

材料(2人分)

鶏もも肉……2枚
なす……1個
ししとうがらし……4本
大根……200g
塩……ひとつまみ
片栗粉……大さじ2
サラダ油……大さじ3
A
麺つゆ……大さじ1と1/2
酒……大さじ1
しょうがチューブ……小さじ1/2
水……50mℓ

作り方

1 フライパンに鶏肉を入れ、キッチンばさみで余分な脂や筋をとり、塩をして少しおく。肉から出た水分をキッチンペーパーでふきとる。なすは乱切りにして加える。

2 片栗粉をまぶし、鶏肉の皮目を下にする。サラダ油を回し入れ、鶏肉の片面を揚げ焼きにする。

3 鶏肉をひっくり返すタイミングで、あいたところにししとうを加える。火を止め、余分な油があればキッチンペーパーでふきとり、大根をおろし入れる。

4 火にかけ、**A**を加えてまぜ、1分ほど煮込む。

下ごしらえから

フライパンで鶏チリ

まな板
&
包丁いらず

えびチリよりボリュームがあって、簡単で
ごはんのおかずになる家庭平和のレシピです。
このままどんぶりごはんにのせて、
鶏チリ丼にしても。

調理時間
10分

材料(2人分)

鶏もも肉……250g
卵……2個
塩……少々
片栗粉……大さじ1
サラダ油……大さじ2

〈チリソース〉
トマトケチャップ……大さじ2
酒……大さじ1
砂糖……小さじ2
鶏ガラスープのもと……小さじ1
片栗粉……小さじ1
しょうゆ……小さじ1
にんにくチューブ……小さじ1/4
しょうがチューブ……小さじ1/4
水……50mℓ

小ねぎ……適量

下処理はすべて
フライパン内

作り方

1 フライパンに鶏肉を入れ、キッチンばさみで余分な脂や筋をとり、ひと口大に切る。塩をして少しおく。肉から出た水分をキッチンペーパーでふきとり、片栗粉をまぶす。

2 サラダ油を回し入れ、揚げ焼きにする。火を止め、余分な油をキッチンペーパーでふきとる。

3 鶏肉を半面に寄せ、あいたところに卵を割りほぐす。

ボウルは
いらないよ

4 火にかけ、卵が固まってきたら全体を軽くまぜ、合わせたチリソースの材料を回し入れる。まぜながらなじませて、とろみをつける。皿に盛り、小口切りにした小ねぎを散らす。

のせるだけ

まるごとれんこん挟み揚げ

1つずつ挟まず、大きく作って切り分ける挟み揚げ。パズル感覚でれんこんを並べてみましょう。お好みで塩や麺つゆでどうぞ。

スゴ技

調理時間

17分

材料(2人分)

れんこん……250g
鶏ひき肉……400g
片栗粉……小さじ2+小さじ2+大さじ1

A
- 片栗粉……大さじ1
- しょうゆ……大さじ1
- 酒……大さじ1
- しょうがチューブ……小さじ1
- 塩……少々

サラダ油……大さじ2
好みで塩、麺つゆ……各適宜
レモン(あれば)……1個

作り方

1 れんこんは皮つきのまま5mm厚さの輪切りにして半量をフライパンに並べ入れる(隙間は手で割ったれんこんで埋める)。片栗粉小さじ2をまぶす。

2 ひき肉と**A**を加えてこね、れんこんに押しつけながら平らにする。れんこんの縁に沿うように肉の形をととのえる。

3 肉の表面に片栗粉小さじ2をまぶし、なじませたら、残りのれんこんをのせ、手で軽く押さえてくっつける。表面に片栗粉を大さじ1をまぶす。

カワザで
切り分ける!

4 サラダ油を回し入れ、揚げ焼きにする。火を止め、れんこんに沿ってフライ返しで切り分け、それぞれひっくり返す。皿に盛り、好みで塩や麺つゆをかけ、あればくし形に切ったレモンを添える。

フライパンで完結

鶏ささ身のピカタ

リーズナブルなささ身のピカタ。道具を使わず、ついにこぶしを使いだしました。
日ごろのうっぷんを発散すべく、ささ身をつぶしましょう（みなさん、毎日お疲れさまです）。

スゴ技
1
フライパン

まな板
&
包丁いらず

調理時間
10分

材料(2人分)

鶏ささ身……6本
塩、こしょう……各少々
薄力粉……大さじ1
卵……1個
オリーブオイル……小さじ1+小さじ1
粉チーズ……大さじ2
好みでトマトケチャップ……適宜

作り方

ついに手でつぶす

1 長めにラップを敷き、ささ身を並べる。キッチンばさみで筋を切り、縦に切り込みを入れる。その上にラップをし、手で1本ずつ押しつぶして広げる。

2 ラップをはずし、塩、こしょうをして薄力粉をまぶす。

なんといっても手作業がいちばん確実!

3 フライパンに卵を割り入れ、オリーブオイル小さじ1、粉チーズを加えてまぜ、**2**を加えて全体につける。

4 火にかけ、焼き色がついたらひっくり返して、オリーブオイル小さじ1を回しかけ、火を通す。皿に盛り、好みでケチャップを添える。

袋でもむだけ！

えびはんぺんかつ

つなぎにはんぺんを入れているので、ふわふわに仕上がります。
成形しやすくなるまで、よくこねて！ 塩や中濃ソースをつけてもおいしいです。

調理時間 18分

スゴ技 1 フライパン

スゴ技 2 紙ワザ

スゴ技 4 袋

まな板 & 包丁いらず

材料(2人分)

むきえび……100g
はんぺん……160g
片栗粉……大さじ1
薄力粉……大さじ1
卵……1個
パン粉……大さじ4〜5
サラダ油……大さじ3

作り方

材料を入れて
もみもみ

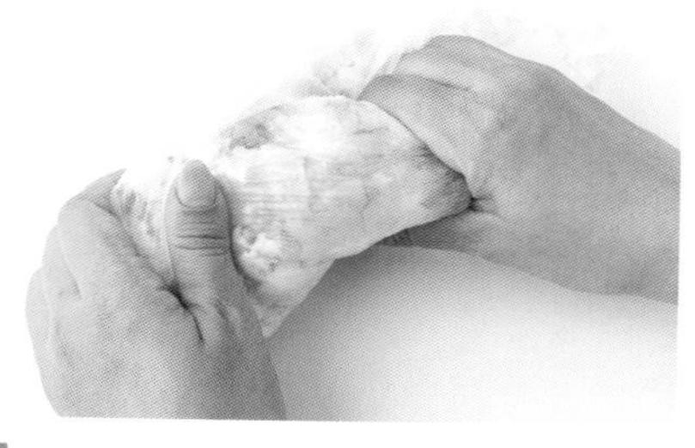

1 ポリ袋にえびを入れてめん棒でたたく。はんぺんをちぎり入れ、片栗粉を加えてこねる。

2 フライパンにクッキングシートを敷き、**1**を入れて4等分にし、丸く成形する。

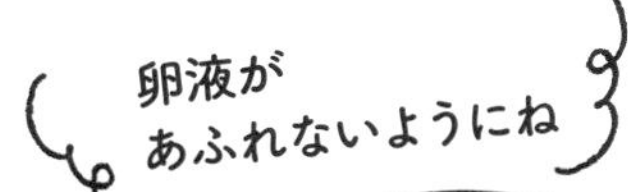

3 薄力粉をまぶす。シートのあいたところに卵を割りほぐし、全体につけ、つけたものからフライパンに並べ入れ、シートをはずす。

4 パン粉をまぶし、サラダ油を回し入れ、揚げ焼きにする。

フライパンで衣づけ

えびと野菜のフリット

野菜はゴロッと大ぶりにカットすると、食べごたえが出ておいしいです。
衣用の水を炭酸水にかえると、カラッと上手に揚げられますよ。

スゴ技 1 フライパン

スゴ技 2 紙ワザ

まな板 & 包丁いらず

調理時間 18分

材料(2人分)

むきえび……6尾
ブロッコリー……70g
ズッキーニ……1/3本(60g)
薄力粉……小さじ1
A
- 薄力粉……70g
- 片栗粉……大さじ1
- 炭酸水……100mℓ

サラダ油……適量
カレー粉、塩……各適量
レモン(あれば)……1/6個

作り方

1 フライパンにクッキングシートを敷いてえびを入れ、ブロッコリーはキッチンばさみで小房に分け、ズッキーニは乱切りにして入れる。

2 薄力粉をまぶし、半面に寄せる。

3 あいたところに**A**を入れてよくまぜる。

4 具材によくからめる。

5 クッキングシートごと**4**を持ち上げてとり出し、フライパンに油を注ぎ、170度に熱して揚げる。皿に盛り、カレー粉と塩を合わせて、あればレモンを添える。

スゴ技 1 フライパン
スゴ技 2 紙ワザ
まな板 & 包丁いらず

超手軽！ バットいらずの

かぼちゃコロッケ

調理時間 18分

コロッケを作るのが手間だと感じる人、集合！ これはフライパンでこねて、
そのまま揚げるだけ。かぼちゃはタオルやミトンを使って手でつぶすと早いです。

材料(2人分)

かぼちゃ……300g

A
- 片栗粉……大さじ1
- しょうゆ……大さじ1
- 砂糖……大さじ1/2
- バター……5g

薄力粉……大さじ2
卵……1個
パン粉……大さじ4
サラダ油……大さじ4
フリルレタス(あれば)……2〜3枚

作り方

1 かぼちゃは種とわたをとって皮つきのままラップをし、電子レンジで4分ほど加熱する。フライパンにクッキングシートを敷き、かぼちゃを入れて、ラップをする。

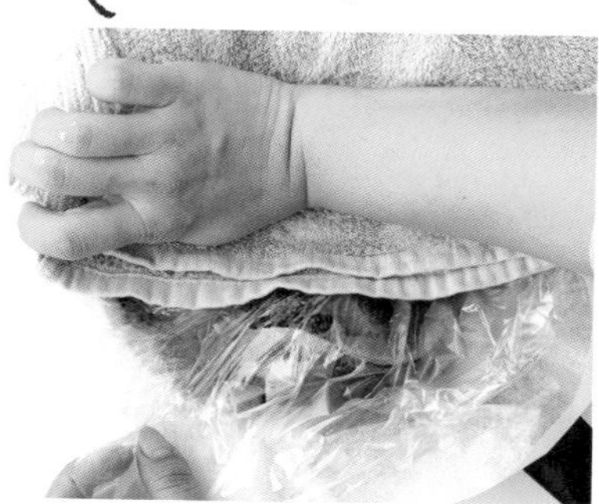

2 タオルの上から**1**を手でつぶす。

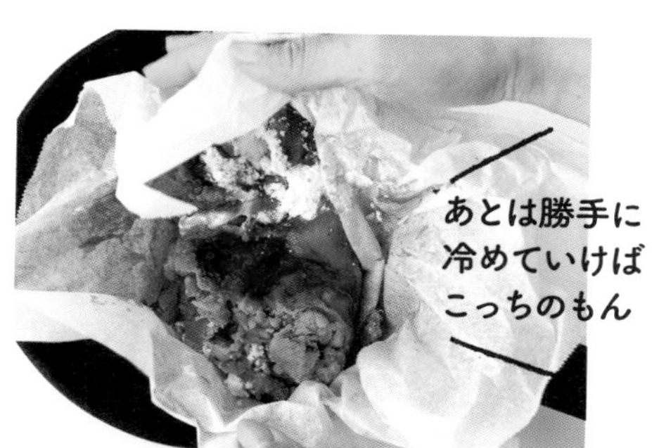

3 ラップをはずし、**A**を加え、クッキングシートを使ってこねる。

4 4等分し、丸く成形して薄力粉をまぶす。あいたところに卵を割りほぐし、全体につける。

5 卵をつけたものからフライパンに並べ入れ、シートをはずす。パン粉をまぶし、サラダ油を回し入れ、揚げ焼きにする。あればフリルレタスを皿に敷き、かぼちゃコロッケを盛る。

フライパンにドドン！

かに風味いも餅

じゃがいものホクホク感がたまらない！ おなかにしっかりたまって野菜もとれるので、これさえ食べれば、今晩は合格！と思ってもいいですよね。

スゴ技 1 フライパン

スゴ技 2 紙ワザ

まな板&包丁いらず

調理時間 18分

材料(2人分)

じゃがいも……3個
かに風味かまぼこ……6本(60g)
ほうれんそう(冷凍)……30g
ピザ用チーズ……30g
A｜片栗粉……大さじ1と1/2
　｜水……大さじ2
サラダ油……大さじ1
〈たれ〉
｜白だし……大さじ2
｜砂糖……大さじ1
｜水どき片栗粉(片栗粉小さじ2を大さじ1の水でとく)
｜水……100mℓ

作り方

1 じゃがいもはキッチンペーパーで1つずつ包んで水でぬらし、ラップで包む。電子レンジで6分加熱し、あら熱がとれるまで蒸らす。フライパンにクッキングシートを敷き、裂いたかにかま、ほうれんそう、皮をむいたじゃがいもを入れる。

2 ラップをしてタオルの上からじゃがいもをつぶす(p.83参照)。ラップをはずし、チーズと**A**を加え、クッキングシートを使ってこねる。

3 シートを引き抜き、フライパンに移して平らにする。サラダ油を回し入れ、こんがりと焼く。火を止めて皿に移し、ひっくり返しながらフライパンに戻し入れ、火を通す。皿に盛り、キッチンばさみで6等分に切る。

4 同じフライパンに水どき片栗粉以外のたれの調味料をすべて入れ、火にかける。煮立ったら水どき片栗粉を回し入れ、とろみをつけ、**3**にかける。

あんと同時に！

厚揚げきのこあんかけ

調理時間 10分

フライパンで全部一気に仕上げます。
簡単だけど、おかずにもおつまみにもなる、
間違いのない味です。せん切りにしたしょうがを添えても美味！

材料(2人分)

厚揚げ……………………………………1枚
しめじ……………………………………40g
えのきだけ………………………………40g

〈あん〉
しょうゆ……………………………大さじ1
麺つゆ………………………………大さじ1/2
砂糖…………………………………小さじ1
水どき片栗粉(片栗粉小さじ2を水大さじ1でとく)
水……………………………………150mℓ
小ねぎ………………………………適量

作り方

1 フライパンの半面に厚揚げを入れ、あいたところにフライパン用ホイルで器を作り、手でほぐしたしめじ、えのきを加えて火にかける。

2 厚揚げの片面をこんがりと焼きながら、きのこをいためる。

3 厚揚げをひっくり返すタイミングでホイルに水どき片栗粉以外のあんの調味料をすべて加え、なじませる。返した厚揚げの片面もこんがりと焼く。

4 あんがふつふつとしてきたら火を止め、水どき片栗粉を回し入れ、とろみをつける。皿に厚揚げを盛り、キッチンばさみで食べやすい大きさに切る。ホイルごと持ち上げてあんをかけ、小口切りにした小ねぎを散らす。

＼手が汚れない！／

10分でできる簡単揚げ物

手間がかかるイメージの揚げ物は、保存袋やポリ袋で下味をつけましょう。
調理のハードルをグンと下げた人気メニューを紹介します。

おとうふナゲット

スゴ技1 フライパン　スゴ技4 袋

材料を保存袋でこねて、しぼるだけ。
リズムよくタネを絞り出していると、
なんだかスゴい料理を作っている気分を味わえます。

まな板&包丁いらず

調理時間 10分

材料（大人2人分）
※直径20cmのフライパンを使用

鶏ひき肉……300g
木綿どうふ……150g
A
- とき卵……1個分
- 薄力粉……大さじ1
- マヨネーズ……大さじ1
- 塩……小さじ1
- こしょう……少々

サラダ油……大さじ2＋大さじ1
好みでトマトケチャップ、
粒マスタード……各適宜

作り方

1. とうふは水きりする。保存袋にひき肉、とうふ、Aを入れてこねる。
2. 袋の空気を抜いて片方の角を1cm切り、食べやすい大きさになるようフライパンに半量をしぼり出す。
3. サラダ油大さじ2を回し入れ、揚げ焼きにする（2回目は火を止めてタネを絞り出し、サラダ油大さじ1を足して揚げ焼きにする）。
4. 皿に盛り、好みでケチャップと粒マスタードを添える。

定番鶏のから揚げ

材料(大人2人分)

鶏もも肉(から揚げ用)……………350g

A
- しょうゆ……………………大さじ1
- 酒……………………………大さじ1
- 砂糖…………………………小さじ2
- にんにくチューブ……小さじ1/2
- しょうがチューブ……小さじ1/2

B
- 片栗粉………………………大さじ2
- 薄力粉………………大さじ1と1/2

サラダ油……………………………大さじ2
好みでマヨネーズ、七味………各適宜

作り方

1 ポリ袋に鶏肉と**A**を入れて5分ほどおく(もっと長くおいても味がしみておいしい)。
2 揚げるときにとり出しやすいようにポリ袋を横に切って、袋を浅くする。中の汁を捨てて**B**を加え、全体になじませたら、フライパンに肉を並べ入れる。
3 サラダ油を回し入れ、カリッと揚げ焼きにする。皿に盛り、好みでマヨネーズと七味を添える。

甘辛チキチキボーン

材料(大人2人分)

鶏手羽中…………………………14〜16本
焼き肉のたれ………………………大さじ1

A
- 薄力粉……………………………大さじ2
- コーンスターチ…………………大さじ2

サラダ油……………………………適量

〈たれ〉
- しょうゆ…………………………大さじ2
- 砂糖………………………………大さじ2
- 酢…………………………………小さじ1/2

フリルレタス(あれば)……………2枚

作り方

1 ポリ袋に手羽中と焼き肉のたれを入れてもみ込み、5分ほどおく。
2 汁を捨てて**A**を加え、全体になじませる。
3 170度の油で色づくまで揚げる。
4 耐熱容器にたれの調味料を合わせ、ラップはせずに電子レンジで40秒ほど加熱してまぜる。
5 **3**を**4**にくぐらせる。あればフリルレタスを皿に敷き、盛る。

COLUMN 2

およねさんのいつもの献立

普段の食卓の様子をちょっとだけお見せします。
毎日いろんなことがあるけれど、ごはんがおいしければ、わが家は今日も平和です。

選択肢のない水曜日

「あ、今日は水曜？ なら夜ごはんはカリカリお肉（甘辛チキチキボーン）だね。やったー！」と、いつからか娘があたり前のように言い出して（契約を交わした記憶はない）。まぁ、献立に悩むのも面倒だし、気づけばわが家の水曜＝甘辛チキチキボーンの日になりました。

献立　甘辛チキチキボーン（p.89）、まるごと1個！ レタスの豚バラ蒸し（p.96）、あさりとキャベツの酒蒸し（p.155）、たたききゅうり（p.159）、オクラともずくのスープ（p.151）

力尽きた金曜日

どうしても、金曜はうどん率が高くなるのです。ごはんを炊く気にならんのです……。正確には、ごはんを飲み込む気力もない。副菜は火を使わないおつまみ系を多く作って、早々に晩酌を開始します。

献立　どんぶりさえあれば 肉そぼろ湯どうふ（p.112）、アボカド塩昆布（p.154）、豆苗の中華蒸し（p.156）、カレーうどん

調子のいい土曜日

娘「お手伝いする！」
私「うん、ありがとねぇぇ。あははは。あ、でもほら、ママ急いですぐ作るし、YouTubeでも見て待っていたら？」
娘「オッケー、YouTube見て待ってるね！」（ほっ）
平日はこんなやりとりばかりですが、土曜日だけは、魔のお手伝い攻撃を引きつった笑顔で受け止められる（引きつってるんかい）。子どもと一緒に作るなら、断然「巻かない棒餃子」。散らからない、汚れない、ほぼ失敗しない！ ブチュー、パタン！の作業は、子どもにも爽快みたいです。

献立　みじん切りなし！ 巻かない棒餃子（p.38）、皿ごとチンで！ 瞬殺麻婆豆腐（p.98）、レンジで肉みそ（p.155）、韓国のりたまスープ（p.149）

PART 3

火を使わない

皿だけでできるおかず

皿が1枚あれば、ごはんは作れるし、食べられる（名言）。
電子レンジでできるレシピばかりなので、
火かげんを心配する必要もありません。
目からウロコのおよねの調理テクを、とくとご覧あれ！

レンジで

しらたきチャプチェ

電子レンジで肉を加熱しても、かたくなりません。それは私の顎の強さもあるけれど、きっとはちみつのおかげ。食材がくっつかないようによくまぜて。

スゴ技 3 皿だけ

電子レンジ

作業時間 5分

材料（2人分）

牛薄切り肉……150g
にら……2本
玉ねぎ……1/4個（50g）
にんじん……1/4本（50g）
糸こんにゃく（下ゆでずみのもの）……100g

A
- 酒……大さじ1
- しょうゆ……大さじ1
- 焼き肉のたれ……小さじ1
- はちみつ（または砂糖）……小さじ1

ごま油……小さじ1
いり白ごま……適量

作り方

1 牛肉はトレーの中で、キッチンばさみで食べやすい大きさに切り、**A**を加えてもみ込む。

2 耐熱容器に**1**を入れ、ふんわりとラップをし、電子レンジで2分ほど加熱する。とり出し、にらを3cm幅に切って加える。

3 玉ねぎとにんじんはスライサーで薄切りにし、糸こんにゃくはキッチンばさみで5cm長さに切って**2**に加え、ごま油をかける。

4 全体をよくまぜてなじませる。ふんわりとラップをし、電子レンジで2分ほど加熱する。軽くまぜたら、ごまを振る。

包丁いらずの

野菜肉巻き

作業時間 5分

出ました、およねお得意の肉巻き！
ラップのままチンすれば、形が崩れずきれいに仕上がります。
中の野菜は、好きなものでアレンジして。ポン酢をつけて食べるのがわが家の定番です。

スゴ技 3 皿だけ

まな板 & 包丁いらず

電子レンジ

材料(2人分)

豚ロース薄切り肉……………………300g
にんじん……………………1/3本(70g)
水菜……………………………………1束

作り方

まずは水菜の肉巻きから〜

1 長めにラップを敷き、豚肉の半量を広げて並べる。水菜の根をキッチンばさみで落とし、長さを半分に切って手前にのせる。

2 豚肉の左右を内側に少し折り、手前からラップごとくるくると巻き、両端をねじる。

続いてにんじんの肉巻き

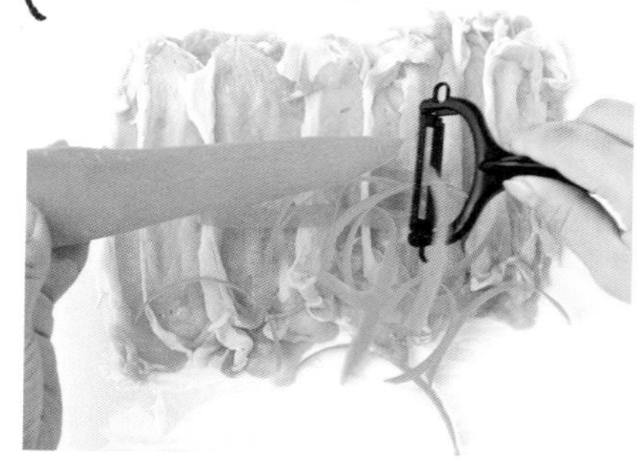

3 残りの豚肉を**1**と同様に広げて並べる。にんじんはピーラーで薄切りにして手前にのせる。**2**と同様に巻く。

4 耐熱皿に**2**と**3**を並べて、電子レンジで3分ほど加熱する。ひっくり返してさらに2分30秒ほど加熱する。ラップをはずし、皿の上で、キッチンばさみで2〜3㎝長さに切る。

スゴ技
3皿だけ
まな板&包丁いらず
電子レンジ

作業時間 3分

まるごと1個!
レタスの豚バラ蒸し

レタスをまるごと1個使う豪快な一品。包丁もまな板もいりません。
豚肉は遠慮せずに、どんどんレタスに挟むほうが、口にしたときの幸福度も高いです。

材料(2人分)

レタス……1個
豚バラ薄切り肉……200g
酒……大さじ1
白だし……大さじ1

〈たれ〉
みそ……大さじ1
オイスターソース……大さじ1
酒……大さじ1
水……大さじ1
砂糖……大さじ1/2
にんにくチューブ……小さじ1/4
いり白ごま……適量

作り方

1 レタスは芯をくりぬいて底を上にし、深めの耐熱皿にバリバリと開いてのせる。間に豚肉を挟む。

2 レタスの上下を返し、酒、白だしを振り、ふんわりとラップをし、電子レンジで5分ほど加熱する。

3 キッチンばさみで6等分に切る。

4 耐熱容器にごま以外のたれの材料を合わせ、ラップはせずに電子レンジで1分ほど加熱する。ごまを加えて、**3**に添える。

皿ごとチンで！

瞬殺麻婆豆腐

工程が多い麻婆豆腐も、ねぎを切ったら
あとは材料を一気に入れてまぜるだけ。
電子レンジであっという間に完成です。
片栗粉がダマにならないように、よくまぜて。

スゴ技
3皿だけ

まな板&包丁いらず

電子レンジ

作業時間 3分

材料(2人分)

豚ひき肉 …… 100g
ねぎ …… 1/3本(30g)
木綿どうふ …… 300g

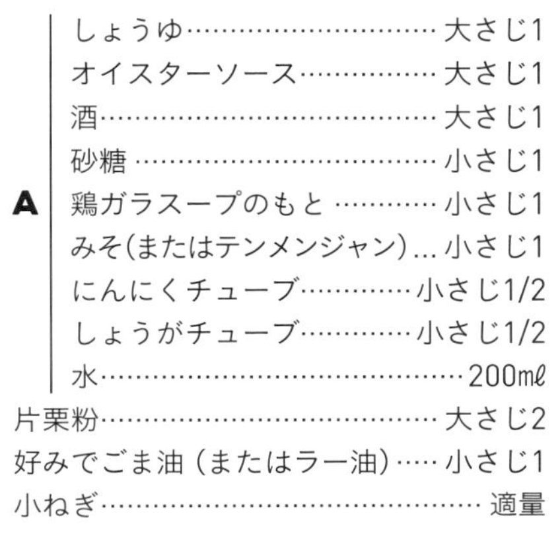

A
しょうゆ …… 大さじ1
オイスターソース …… 大さじ1
酒 …… 大さじ1
砂糖 …… 小さじ1
鶏ガラスープのもと …… 小さじ1
みそ(またはテンメンジャン) … 小さじ1
にんにくチューブ …… 小さじ1/2
しょうがチューブ …… 小さじ1/2
水 …… 200mℓ

片栗粉 …… 大さじ2
好みでごま油(またはラー油) …… 小さじ1
小ねぎ …… 適量

作り方

どんぶりでも
OK!

1 深めの耐熱の皿にひき肉を入れ、ねぎはキッチンばさみでみじん切りにして加える。

2 Aを加えてよくまぜたら、片栗粉を加えてさらにまぜる。

よーく
まぜまぜして

3 ラップはせずに、電子レンジで3分30秒ほど加熱し、とり出してよくまぜる。

4 とうふを入れてキッチンばさみで食べやすい大きさに切る。ふんわりとラップをし、電子レンジで3分30秒ほど加熱したら、好みでごま油を回しかけ、小口切りにした小ねぎを散らす。

煮込まない

ノーロールキャベツ

作業時間 7分

煮込まず、包まなくてもロールキャベツができます。
とても簡単なのに、手が込んだように見えるのもポイントです。
キャベツの軸も無駄にしません！

まな板＆包丁いらず

電子レンジ

材料(2人分)

キャベツ……3〜4枚(120g)
豚ひき肉……250g
卵……1個
ブロッコリー……4房
ピザ用チーズ……30g
塩、こしょう……各少々
水……200mℓ
A ハヤシライスのルウ……1かけ
A トマトケチャップ……大さじ1
A 中濃ソース……大さじ1

作り方

1 キャベツは軸をキッチンばさみで切り、深めの耐熱皿に葉を敷き詰める。ひき肉をのせ、塩、こしょうを振り、卵を割り入れる。キャベツの軸をキッチンばさみで細かく切って加える。

2 タネをこねて、キャベツで閉じる。

1個の大きなロールキャベツ

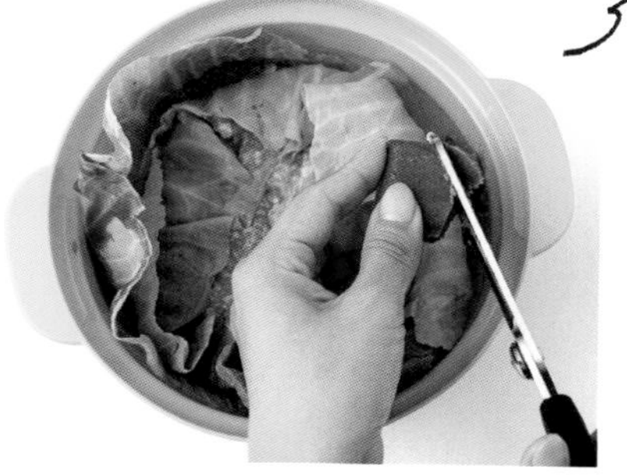

3 キャベツの外側に水を注ぐ。ハヤシライスのルウはキッチンバサミで細かく切りながら**A**を加える。ふんわりとラップをし、電子レンジで5分ほど加熱する。

4 とり出してルウがなじむようにまぜ、ブロッコリーを周りに並べる。ふんわりとラップをし、電子レンジで5分ほど加熱する。チーズをまん中に散らし、さらに1分ほど加熱する。

丸めなくても

チーズインミートボール

タネをしぼってふたをする、斬新なミートボールです。
加熱するとチーズが流れ出ることもありますが、そんなチーズには「かわいいねぇ」と話しかけながらおいしく食べて。

スゴ技3 皿だけ　スゴ技4 袋　まな板&包丁いらず　電子レンジ

作業時間 7分

材料(2人分)

合いびき肉…………300g
卵…………1個
裂けるチーズ…………2本
A 片栗粉…………大さじ1
A 塩、こしょう…………各少々
トマトケチャップ…………大さじ2
中濃ソース…………大さじ2

作り方

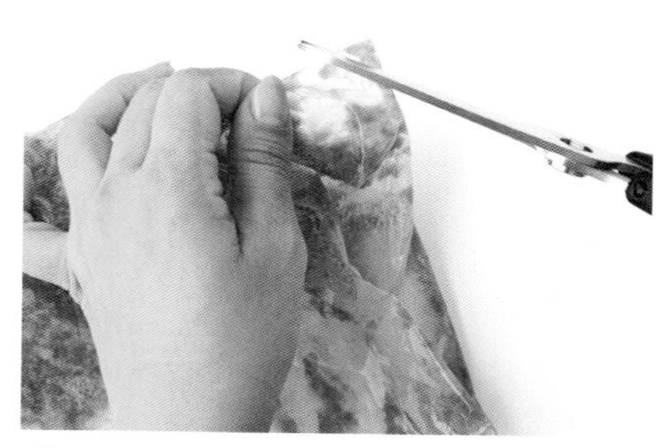

1 保存袋にひき肉と**A**を入れ、卵を割り入れてこねる。袋の空気を抜いて片方の角を1cm切る。

軽く埋め込んでね

2 裂けるチーズはキッチンばさみで5〜6等分に切る。耐熱皿に**1**の半量をひと口大にしぼり出し、チーズをまん中にのせる。

これで
チーズインボールに

3 **2**の上に残りの**1**をふたをするようにしぼり出す。

4 ふんわりとラップをし、電子レンジで5分ほど加熱したら、ケチャップと中濃ソースをかける。

＼ラップでくるくる／

梅鶏ハム

作業時間 5分

すぐにできるので、お弁当のおかずにもおすすめ。
うまく巻けていないと、ラップをはずしたら
巻く前の状態に戻ることも（経験ずみ）。しっかり巻いて！

材料(2人分)

鶏むね肉……1枚
梅干し……大1個
青じそ……大2枚
塩……小さじ1/2
砂糖……小さじ1/2

作り方

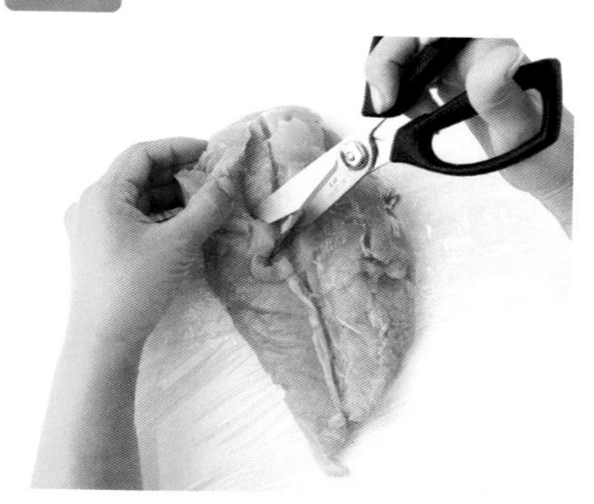

1 長めにラップを敷き、鶏肉をおく。キッチンばさみで余分な脂や筋をとり、まん中から左右に開き、塩、砂糖をもみ込む。

2 ラップをしてめん棒でたたき、厚さを均一にしたら、5分ほどおく。

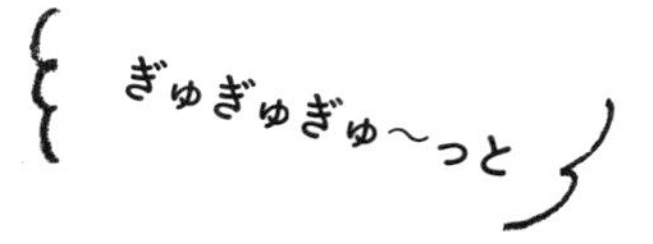

3 肉から水分が出ていたらキッチンペーパーでふきとる。梅干しをちぎってのせ、青じそをのせ、ラップごときつめに巻く。しっかりと両端をねじる。

4 耐熱皿に**3**をのせ、電子レンジで2分30秒ほど加熱後、ひっくり返してさらに2分30秒ほど加熱する。皿の上であら熱をとり、1cm厚さに切る。

＼ レンジで一気に！ ／

肉だんご甘酢あん

作業時間 5分

肉で壁を作って、その中であんを作るという、
どこまでも紙ワザが光るレシピです。
加熱ムラを防ぐために、肉だんごはできるだけ同じ大きさに成形して。

スゴ技 2 紙ワザ

材料(2人分)

鶏ひき肉……………………………300g
しょうゆ…………………………大さじ1
片栗粉……………………………大さじ1

〈あん〉
にんじん……………………1/5本(40g)
もやし……………………………40g
砂糖……………………大さじ1と1/2
しょうゆ…………………………大さじ1
酢…………………………………大さじ1
水…………………………………100mℓ
片栗粉……………………………小さじ2
ごま油……………………………小さじ1

作り方

1 ひき肉のトレーにしょうゆ、片栗粉を入れてこねる。6等分して丸く成形し、耐熱皿の外側に並べる。ふんわりとラップをし、電子レンジで4分ほど加熱する。

2 肉の上にクッキングシートを敷き、まん中をくぼませる。そこにあん用のもやし、スライサーでせん切りにしたにんじん、片栗粉以外のあんの材料をすべて入れてまぜる。

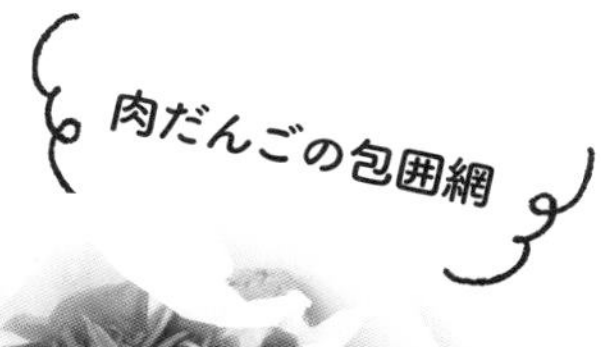

3 片栗粉を加えてまぜ、ラップはせずに電子レンジで2分ほど加熱する。とり出してあんをよくまぜ、ふんわりとラップをし、3〜4分加熱する。

4 ラップをはずし、シートごと持ち上げて肉だんごをまん中に寄せる。シートを引き抜き、あんをかけたら、ごま油を回しかける。

＼クッキングシートで／

鮭と温野菜のチーズフォンデュ

作業時間 3分

つけずにかけるチーズフォンデュです。チーズはたっぷりと、惜しげもなく使ってください。
クッキングシートを使えば洗い物が減ります。

材料(2人分)

生鮭……2切れ
ブロッコリー……50g
ミニトマト……2個
コーン(冷凍)……大さじ2
ピザ用チーズ……100g

A
酒……大さじ1
コンソメスープのもと……小さじ1
塩……少々

彩りも いい感じ

作り方

1 深さのある耐熱の皿に鮭を入れる。ブロッコリーはキッチンばさみで小房に分け、ミニトマトは半分に切り、コーンと一緒に鮭の周りに並べる。**A**をまぶす。

2 ふんわりとラップをし、電子レンジで3分ほど加熱する。

とろ~んと いきます

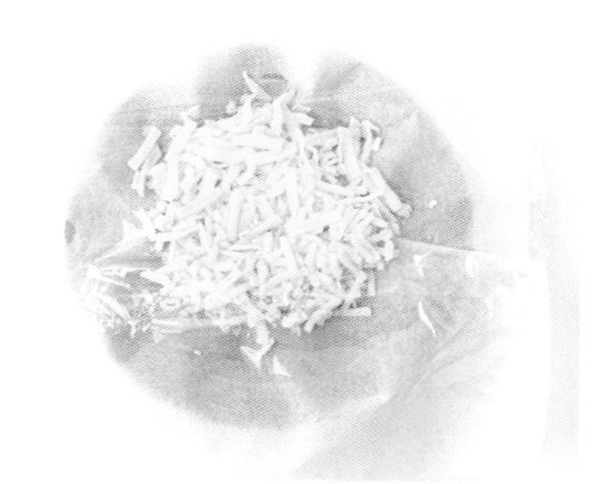

3 ラップをはずし、上にクッキングシートを敷き、チーズを平らに広げる。ふんわりとラップをし、電子レンジで4分ほど加熱する。

4 ラップをはずし、シートごと持ち上げて鮭にチーズをかける。

皿だけで

ちゃんとさばみそ

作業時間 3分

多めのたれで、ごはんと一緒に頬張りたい。
青魚も扱ってみると、そんなに難しくないです。
さばのくさみが気になる場合は、事前に熱湯をかけて洗い流して。

スゴ技

まな板
&
包丁いらず

電子レンジ

材料(2人分)

さば……2切れ
ねぎ……1/3本(30g)
しょうが……1かけ

A
- みそ……大さじ3
- 砂糖……大さじ2 と1/2
- 酒……100mℓ

作り方

行ってらっしゃい〜

1 さばはよく洗い、キッチンペーパーで水けをふきとる。耐熱の皿に**A**を合わせ、さばを入れる。

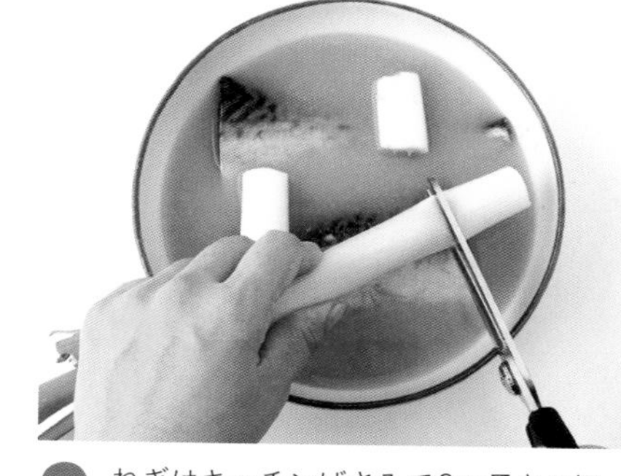

2 ねぎはキッチンばさみで3cm長さに切って加える。

ここは生しょうがのほうが
風味豊か

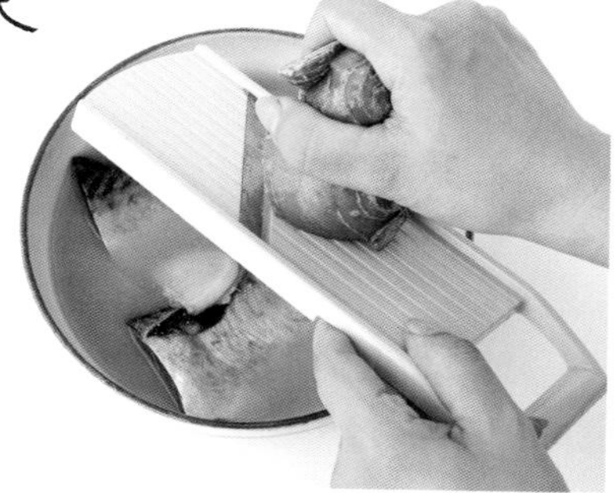

3 しょうがはスライサーで3枚ほどスライスし、さばにのせる。ふんわりとラップをし、電子レンジで5分ほど加熱する。

4 ラップをはずし、電子レンジで2分ほど加熱する。

どんぶりさえあれば

肉そぼろ湯どうふ

とうふから水分が出るので、下にキャベツを敷いておくといいです。
しんなりキャベツもおいしく食べられます。ヘルシーだけど、食べごたえもじゅうぶん！

作業時間 5分

スゴ技 2 紙ワザ

スゴ技 3 皿だけ

まな板 & 包丁いらず

電子レンジ

材料(2人分)

豚ひき肉……80g
キャベツ……2枚(80g)
木綿どうふ……300g
ねぎ……1/6本(15g)

A
砂糖……大さじ1
みそ……大さじ1
しょうゆ……小さじ1
にんにくチューブ……小さじ1/2

好みで七味……適量

作り方

1 耐熱のどんぶりにキャベツをひと口大にちぎり入れ、とうふをのせてキッチンばさみで6等分に切る。

2 上にクッキングシートを敷く。ひき肉をのせ、ねぎはキッチンばさみでみじん切りにし、**A**を加えてよくまぜ、平らにする。

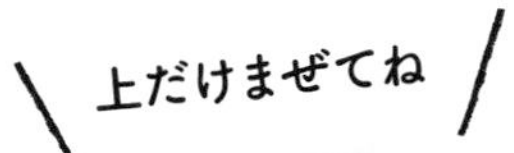

3 ふんわりとラップをし、電子レンジで4分ほど加熱する。とり出してそぼろのみをまぜ、ふんわりとラップをして3分ほど加熱する。

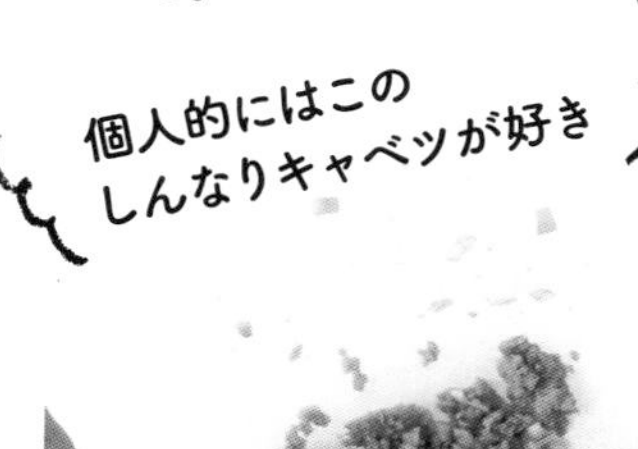

4 シートごと持ち上げて引き抜き、とうふの上に肉そぼろをのせる。

蒸し器いらず！

レンチン茶碗蒸し

作業時間 3分

夢のような大きさの茶碗蒸し。
加熱が足りない場合は10秒ずつ様子を見ながら追加して。
多少の「す」は失敗じゃないよ。愛と努力の結晶です。

スゴ技 3 皿だけ

まな板&包丁いらず

電子レンジ

材料(2人分)

卵……2個
鶏もも肉……60g
むきえび(冷凍)……2尾(30g)
しいたけ……2個
水……250mℓ
白だし……大さじ2
豆苗(あれば)……5g

作り方

1 大きめの耐熱のどんぶりに卵をときほぐす。

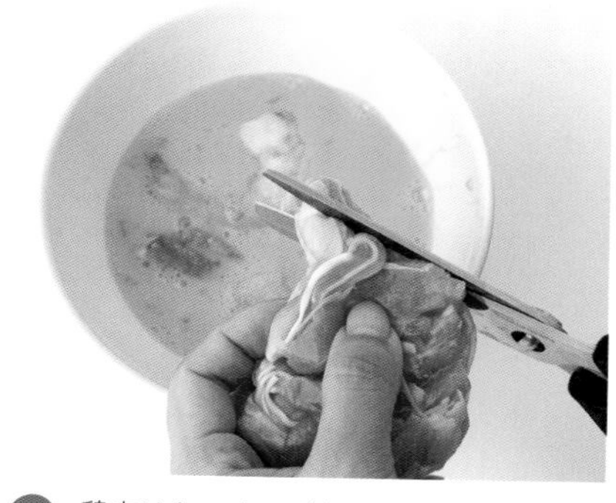

2 鶏肉はキッチンばさみでひと口大に切り、えびを加え、しいたけは半分に切って加える。

3 水を加えてよくまぜる。

しっかりまぜてから
加熱してね

4 白だしを加えてよくまぜ、ラップはせずに、電子レンジで6分30秒ほど加熱する。あれば食べやすい長さに切った豆苗をのせる。

鍋なし、ゆでない！

ポテトサラダ

時間がかかるポテトサラダは、じゃがいもを電子レンジで加熱して時短に。
マッシャーも使いません。タオルで力任せにつぶせば、あとはあえるだけ。

スゴ技
3皿だけ

まな板&包丁いらず

電子レンジ

作業時間 5分

材料(2〜3人分)

じゃがいも……………………………小3個
コーン缶…………………………………40g
ハム………………………………………2枚
きゅうり………………………1/5本(20g)

A
マヨネーズ……………………大さじ3
酢………………………………大さじ1
砂糖 ……………………………小さじ1
粒マスタード…………………小さじ1
塩、こしょう…………………各少々

作り方

1 じゃがいもはよく洗い、キッチンペーパーで1つずつ包んで水でぬらし、ラップで包む。電子レンジで6分ほど加熱し、あら熱がとれるまで蒸らす。じゃがいもの芽はスプーンでとる。

2 とり出して器に入れ、ラップをしてタオルの上からつぶす。

3 汁けをきったコーンを加え、ハムはキッチンばさみで1cm角に切り、きゅうりはスライサーで輪切りにして加える。

4 **A**を加えてあえる。

タルト型いらず！

春巻きの皮キッシュ

スゴ技 3 皿だけ

まな板 & 包丁いらず

冷凍パイシートより上をいく、手軽な春巻きの皮。
グラタン皿を使うので、皮が破れても大丈夫です！
周りのパリパリの部分をアパレイユにつけて食べれば、もう幸せ。

作業時間 3分

材料(2人分)

卵……1個
春巻きの皮……2枚
ハム……2枚
ミニトマト……2個
ほうれんそう(冷凍)……20g
しめじ……20g

A
粉チーズ……小さじ1
コンソメスープのもと……小さじ1/2
牛乳……100mℓ

ピザ用チーズ……50g
ドライパセリ(あれば)……少々

作り方

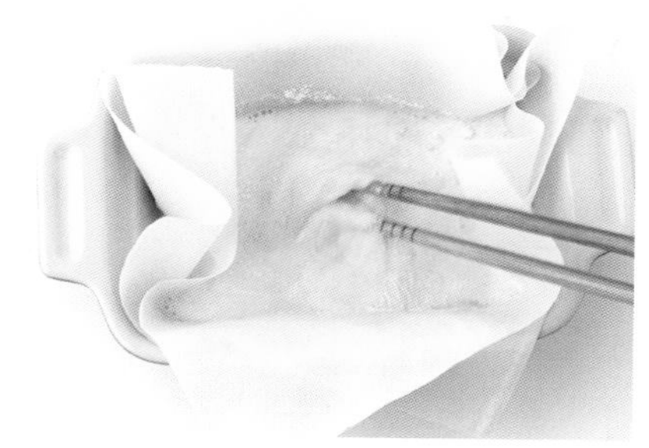

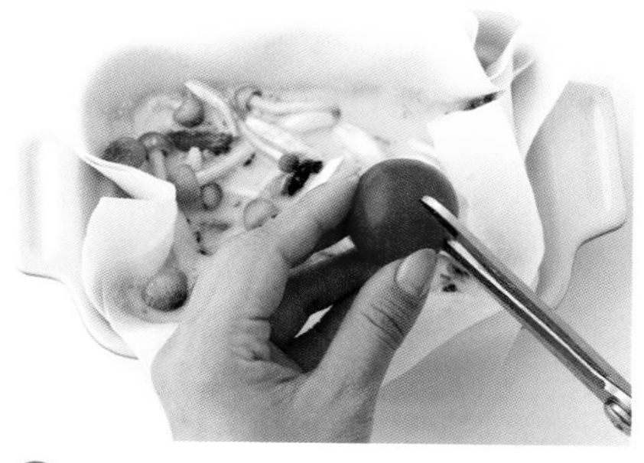

1 グラタン皿に春巻きの皮を隙間なく敷き、卵を割り入れる。**A**を加えてよくまぜる。

2 ハムはキッチンばさみで細切り、ミニトマトは半分に切る。ほうれんそう、手でほぐしたしめじと一緒に**1**に入れ、軽くまぜる。

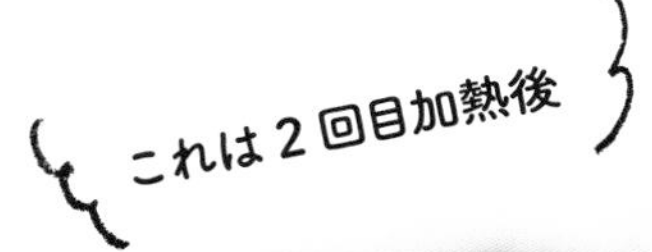

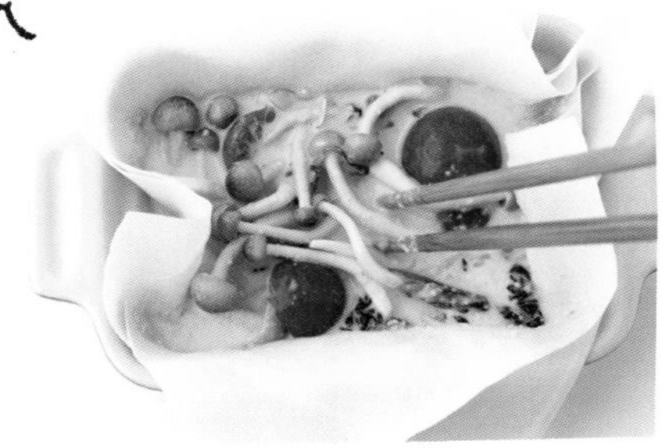

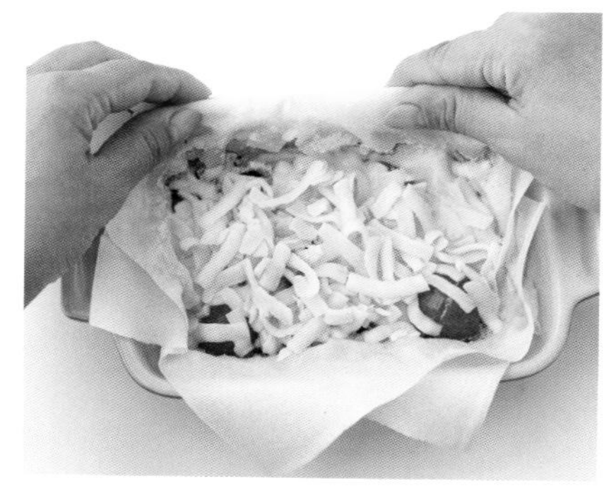

3 ラップはせずに電子レンジで3分ほど加熱する。とり出してまぜ、同様に1分30秒ほど加熱する。

4 チーズを散らし、焦げないように春巻きの皮を皿の縁に沿って軽く折りたたむ。トースターで3〜4分加熱し、あればパセリを振る。

＼まだまだ教えて！／

COLUMN 3

およねさんQ&A

今回の出版にあたって、フォロワーさんから寄せられた質問にお答えします！
より私のことを知ってもらえたらうれしいです。

Q. およねさんには「しなやかさ」を感じます。起源を知りたい！

A. 私からしなやかさを感じとってくれた、私以上にしなやかなかたからのコメント！ ありがとうございます。人生いろいろあるからね、気負わず周りを気にせずマイペースにすごしていたら、今こんな感じです。

Q. その男らしさはどこから？見習いたいです！

A. しなやかさからの男らしさ！（ギャップがスゴい笑）人生いろいろあるからね、気負わず周りを気にせずマイペースにすごしていたら、今こんな感じです(2回目)。

Q. およねさんの人柄が知りたい！（料理と全く関係ないけどw）

A. しなやかさと男らしさのギャップが魅力です！(自分で言う)

Q. 苦手な食べ物はありますか？

A. 特にないですが、しいて言うならグリーンピースより枝豆派。しいたけシューマイ(p.32)をどうぞご覧ください(笑)。

Q. 料理を発信しようと思ったきっかけは？

A. まじめな話をすると、もっと自分のことを大切にしようと思ったからです。殺伐とした毎日に疲弊した時期があって。そのときに、もっと自分をいたわって日々の「幸せな時間」を増やさなくては！と。そこで、大好きな料理の時間を大切な時間にしようと発信し始めました！

Q. この本でおよねさんがいちばん好きなレシピは？

A. PART4の「すぐできる！ 大満足の一品料理」(p.121〜)はリモートワーク中にとても役に立ったし、多くのフォロワーさんから「作ったよ！」の声がたくさん寄せられたフライパンビビンバ(p.12)は愛着たっぷりだし、いちばんは……選べない……！

Q. レシピ本出版の次にトライしたいことは？

A. オリジナルブランドを作りたい！料理イベント開催！ 食べ歩き番組出演！など。お仕事のご連絡お待ちしています(笑)。

PART 4

すぐできる！

大満足の一品料理

ごはんや麺など、みんなが大好きな主食が
あっという間にできたらうれしいですよね。
今日はお昼ごはんどうしよう〜なんてときの
1人分のランチにもおすすめです。

皿1枚で

タコライス

タコライスの具が加熱されていることを確認したら、ざーっとごはんにのせてください！
ごはんは冷凍でも冷めていても、温めればOKです。

調理時間 10分

スゴ技 2 紙ワザ

スゴ技 3 皿だけ

まな板 & 包丁いらず

電子レンジ

材料(1人分)

ごはん……150g
合いびき肉……100g

A
- 中濃ソース……小さじ2
- トマトケチャップ……小さじ1
- 砂糖……小さじ1/2
- しょうゆ……小さじ1/2
- 塩……少々

ミニトマト……1個
レタス……1枚
ピザ用チーズ……10g

作り方

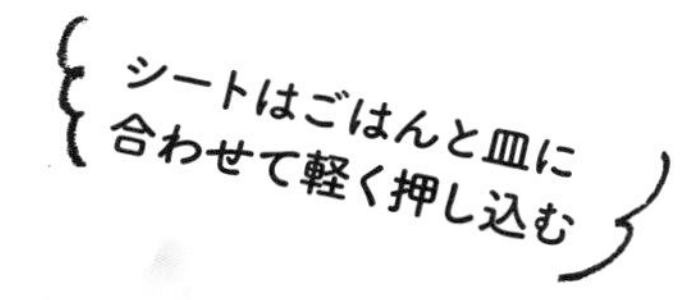

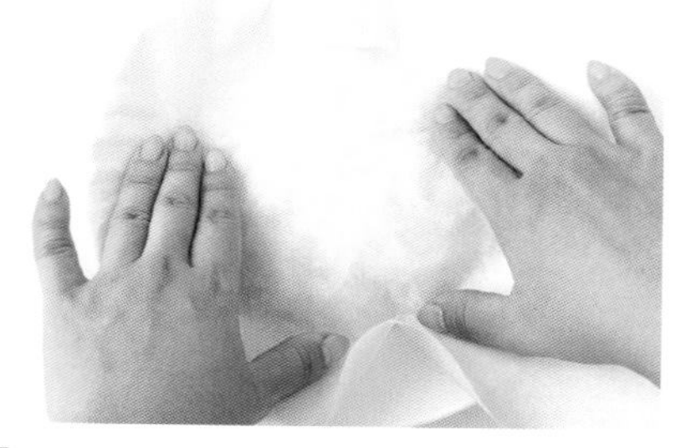

1 耐熱の皿にごはんを入れて平らにし、その上にクッキングシートを敷く。

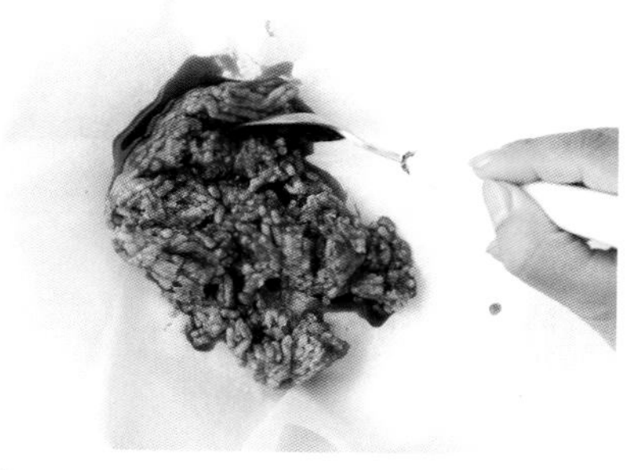

2 ひき肉と**A**をのせてまぜ、平らにする。

3 ふんわりとラップをし、電子レンジで3分ほど加熱する。とり出してよくまぜ、ラップはせずに、2分ほど加熱する。

4 よくまぜてシートを引き抜き、ごはんの上に具材をのせる。キッチンばさみで半分に切ったミニトマトとせん切りにしたレタスをのせ、チーズを散らす。

オールレンジで
ドライカレー

カレーに卵に、これでもかというくらい重ねワザを発揮しています。
卵はしっかり穴をあけないと、爆発する恐れがあるので忘れないで。

スゴ技 2 紙ワザ

スゴ技 3 皿だけ

まな板 & 包丁いらず

電子レンジ

調理時間 10分

材料(1人分)

ごはん……150g
合いびき肉……100g
ミニトマト……2個
なす……1/3個
卵……1個

A
トマトケチャップ……大さじ1
中濃ソース……大さじ1
にんにくチューブ……小さじ1/4
カレー粉……小さじ1/4

作り方

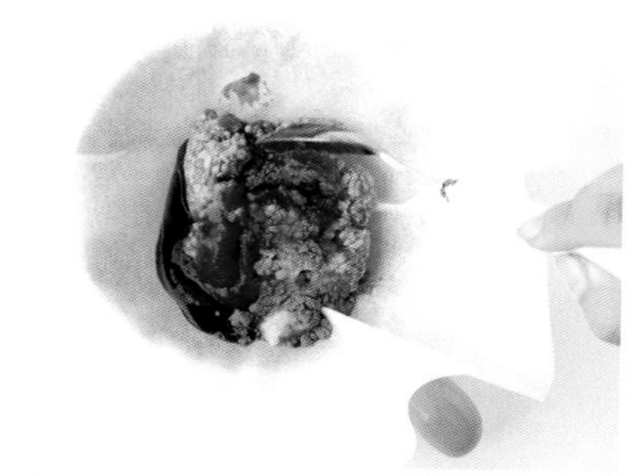

1 深めの耐熱の器にごはんを入れて、その上にクッキングシートを敷く。ひき肉と**A**をのせてまぜる。

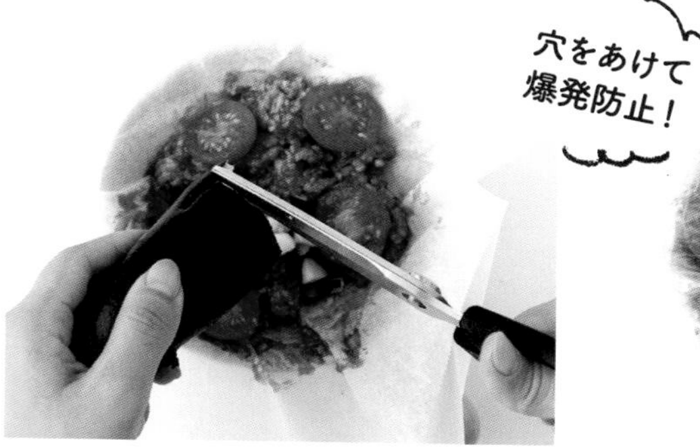

2 ミニトマトはキッチンばさみで半分に、なすはあらいみじん切りにして加えてまぜ、平らにする。

穴をあけて爆発防止！

3 まん中をくぼませて小さくラップを敷き、卵を割り入れてつまようじで数カ所刺す。卵を軽くラップで包み、器全体にふんわりとラップをし、電子レンジで3分ほど加熱する。

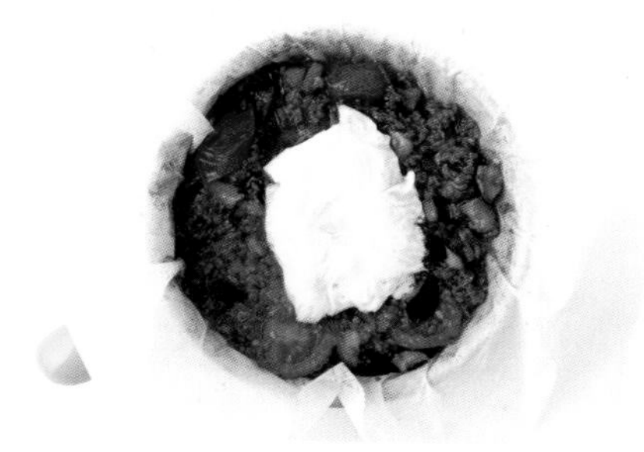

4 とり出して卵をラップで軽く包み、周りの肉をまぜ、ラップはせずに電子レンジで3分ほど加熱する。ラップごと卵を持ち上げ、ひっくり返して肉の上にのせる。

5 シートごと持ち上げてひっくり返し、ごはんに肉と卵をのせる。

ひっくり返せば

本格天津飯

外食するのも買いに行くのも面倒なときに
おすすめの最強即席ごはんです。
冷凍ごはんの場合は、1回目の加熱後に
卵をまぜるとき平らにすると作業がスムーズ！

スゴ技 2 紙ワザ

スゴ技 3 皿だけ

まな板&包丁いらず

電子レンジ

調理時間 7分

禁断の爆速ごはん
ここまでやっちゃう100レシピ
に関するお詫びと訂正

23年１月30日に発売しました『禁断の爆速ごは
ここまでやっちゃう100レシピ』におきまして、
りがございました。下記に訂正いたします。読
の皆様ならびに、関係者の皆様にご迷惑をおか
しましたことを深くお詫び申し上げます。

2023年７月31日
株式会社主婦の友社
書籍出版事業部

記

26-127　「ひっくり返せば本格天津飯」の材料

【正】
・Aの塩…少々

【誤】
・Aの塩…小さじ1

以上

材料(1人分)

ごはん……………………………………150g
卵…………………………………………2個
かに風味かまぼこ………………………4本

A
- 塩……………………………小さじ1
- 水……………………………小さじ1
- ごま油………………………小さじ1/2
- 鶏ガラスープのもと………小さじ1/4

〈たれ〉
- グリーンピース(あれば)……………5粒
- 水………………………………………大さじ3
- 麺つゆ…………………………………大さじ2
- 酢………………………………………大さじ1/2
- 片栗粉…………………………………小さじ1と1/2
- 砂糖……………………………………小さじ1

作り方

1 耐熱のどんぶりにごはんを入れて、その上にクッキングシートを敷き、卵を割りほぐす。

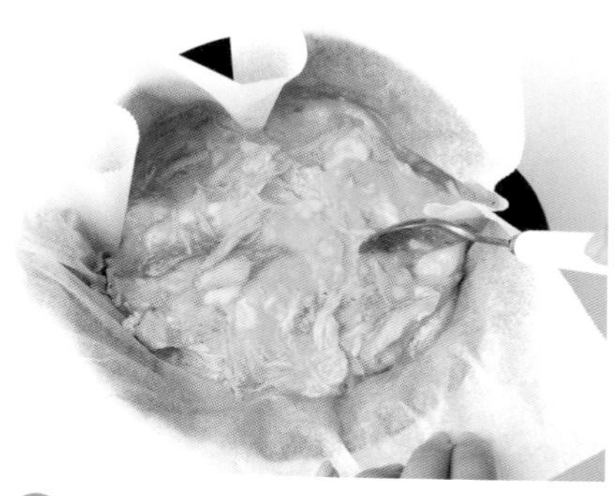

2 かにかま3本を手で裂いて加え、**A**を加えてまぜる。ラップはせずに電子レンジで2分ほど加熱する。とり出してよくまぜ、同様に1分ほど加熱する。

3 耐熱の皿にたれの材料を入れ、よくまぜる。ラップはせずに電子レンジで30秒ほど加熱し、よくまぜて30秒ほど加熱する。

4 シートごと持ち上げてひっくり返し、ごはんにのせる。**3**をかけ、手で裂いたかにかま1本分をのせる。

＼ レンジで驚きの ／

三色そぼろごはん

そぼろは火が入りやすい平皿を使って、レンジで一気に作ります。
卵は白身と黄身がまざるようによくといて。
ほうれんそうのかわりに好きな野菜でアレンジしてもOKです。

スゴ技 2 紙ワザ

スゴ技 3 皿だけ

まな板 & 包丁いらず

電子レンジ

調理時間 8分

材料(2人分)

鶏ひき肉……………………………100g
卵…………………………………………1個
ほうれんそう(冷凍)…………………30g
温かいごはん…………………………150g

A 砂糖………………………………小さじ2
しょうゆ……………………………小さじ2

B 白だし…………………………大さじ1/2
砂糖………………………………小さじ1

作り方

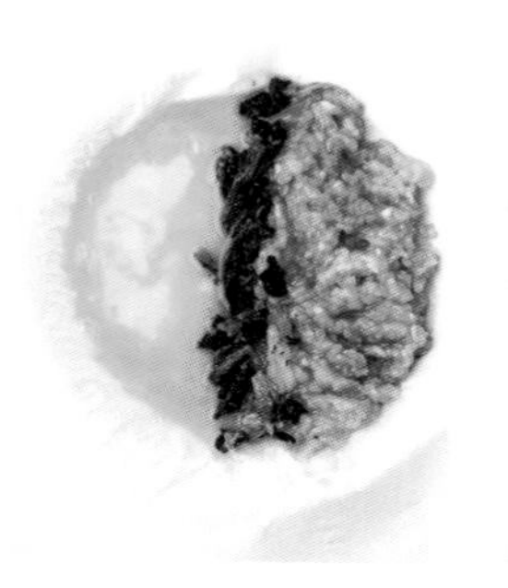

1 大きめの耐熱の平皿にクッキングシートを敷く。ひき肉を皿の半面におき、**A**を加えてまぜる。もう半面に卵を割りほぐし、**B**を加えてまぜる。まん中にほうれんそうを縦におく。

2 ふんわりとラップをし、電子レンジで3分ほど加熱する。足りないようなら、様子を見ながらさらに20秒ずつ加熱する。

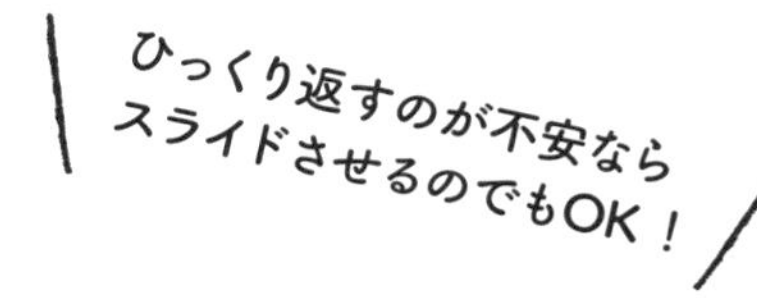

3 ひき肉と卵をそれぞれまぜてほぐす。

4 シートごと**3**を持ち上げてとり出し、平皿にごはんを盛る。シートをひっくり返し、ごはんにそぼろをのせる。

皿でまぜるだけ！

そばめし

恥ずかしながら、焼きそば麺1袋って、ちょっと物足りんのです。
ごはんをちょっと足せば、罪悪感とともにちゃんと満腹になれます。

調理時間 8分

まな板&包丁いらず

電子レンジ

材料(1人分)

焼きそば麺……………………………1袋
ハム……………………………………4枚
キャベツ……………………………1枚(40g)
ごはん…………………………………80g
卵………………………………………1個

A
付属の焼きそば調味料………………1袋
中濃ソース…………………………大さじ1/2
しょうゆ……………………………小さじ1

※紅しょうが、かつお節、青のりなどをお好みでトッピングしてもOK。

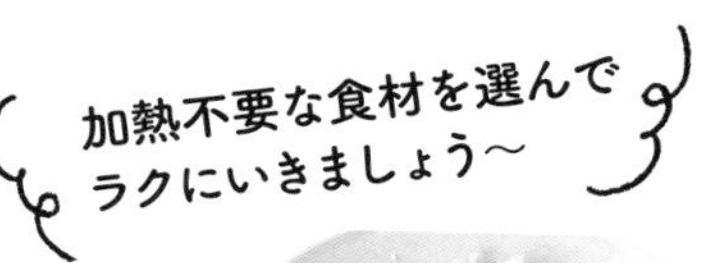

作り方

1 焼きそば麺はキッチンばさみで細かく切って、耐熱の皿に入れる。

2 ハムは細切りにし、キャベツはひと口大にちぎって加える。

3 ごはんと**A**を加えてよくまぜ、平らにする。

4 まん中をくぼませて小さくラップを敷き、卵を割り入れてつまようじで数カ所刺す。卵を軽くラップで包み、皿全体にふんわりとラップをし、電子レンジで5分ほど加熱し、ラップをはずす。

＼ ホワイトソースもレンジで ／

爆速ドリア

まな板
&
包丁いらず

薄力粉よりも、ダマになりにくい米粉が圧倒的におすすめです。
ごはんをレンチン中に肉を先にまぜておいて、
ごはんにのせて一緒に加熱してもOK（せっかち）。

作業時間
8分

材料(2人分)

ごはん……200g
合いびき肉……80g
米粉……大さじ1と1/2
牛乳……300mℓ
コンソメスープのもと……小さじ1
バター……5g
A
- トマトケチャップ……大さじ1
- 中濃ソース……大さじ1
- にんにくチューブ……小さじ1/4
- 塩……少々

ピザ用チーズ……70g

作り方

1 グラタン皿にごはんと米粉を入れてよくまぜる。

加熱後は底からしっかりまぜて、ダマ知らず！

2 牛乳とコンソメスープのもとを加えてよくまぜ、バターをちぎってのせる。

3 ラップはせずに、電子レンジで2分ほど加熱する。とり出してよくまぜる。

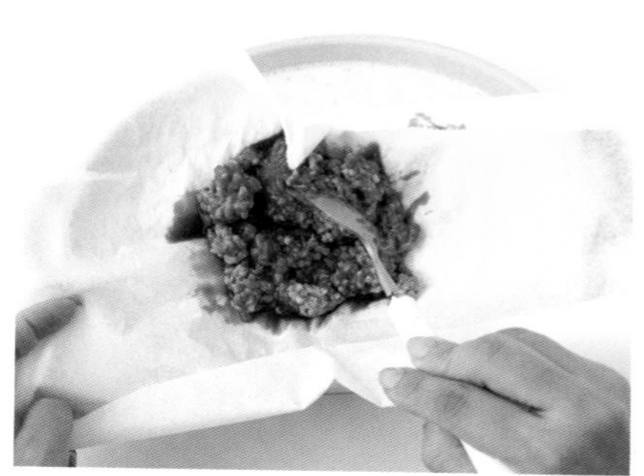

4 上にクッキングシートを敷く。ひき肉と**A**をのせてまぜ、平らにする。ふんわりとラップをし、電子レンジで6分ほど加熱する。

5 シートを引き抜き、ごはんにソースをのせる。チーズを散らし、トースターで4分ほど加熱する。

ホイルで返す

フライパンパニーニ

弱めの中火で加熱すると、ゆっくり中まで火が通ってふんわり仕上がります。
ホットサンドメーカーがなくてもできる、朝食にぴったりの一品です！

スゴ技 1 フライパン

まな板&包丁いらず

ホイル

調理時間 8分

材料（2〜3個分）

ホットケーキミックス……………… 100g
卵……………………………………S1個
ハム…………………………………2〜3枚
スライスチーズ……………………2〜3枚
牛乳…………………………………100mℓ

作り方

1 ボウルにホットケーキミックス、卵、牛乳を入れてまぜる。

2 フライパンにフライパン用ホイルを敷く。**1**を薄めに流し入れ、弱めの中火にかけたら、ふたをして気泡が出るまで焼く。

3 ハムとスライスチーズをキッチンばさみで半分に切って、半面に並べる。

4 火を止め、ホイルごとパタンと折り、軽く押さえる。弱火にかけ、1分ほど加熱する。

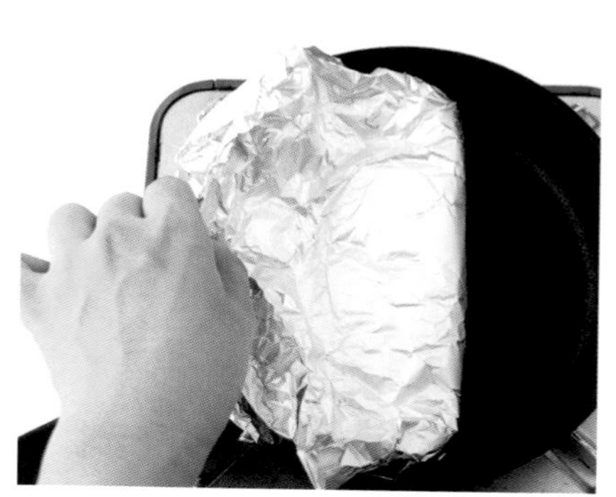

5 ひっくり返し、1分ほど加熱する。

作業時間 5分

フライパンごと

プルコギビーフ チーズごはんピザ

スゴ技1 フライパン　スゴ技2 紙ワザ　まな板&包丁いらず

ピザ生地を作るのは大変なので、ごはんで。
大好きなプルコギビーフピザのいいとこどりをしています。
ごはんはしっかりいためると、いい具合におこげができますよ。

材料(1人分)

牛薄切り肉……………………200g
玉ねぎ……………………1/4個(50g)
にら……………………3〜4本
ごはん……………………300g

A
しょうゆ……………………大さじ2
砂糖……………………大さじ2
酒……………………大さじ1
はちみつ……………………大さじ1
にんにくチューブ……………………小さじ1
ごま油……………………小さじ1
コチュジャン……………………小さじ1/2

ごま油……………………小さじ1/2

B
片栗粉……………………小さじ2
鶏ガラスープのもと……………………小さじ1/2
塩……………………少々

ピザ用チーズ……………………70g
好みで韓国のりフレーク、
糸とうがらし……………………各適宜

作り方

1 フライパンにフライパン用クッキングシートを敷き、牛肉をのせて**A**をもみ込む。火にかけ、肉の色が変わったら火を止める。玉ねぎはスライサーで薄切りに、にらはキッチンばさみで3cm幅に切って加える。

2 火にかけ、水分を飛ばしながらいためる。火を止め、シートごと持ち上げていったんとり出す。フライパンにごま油をひき、ごはんを入れる。**B**を加え、なじませたら火にかけていため、平らにする。

3 火を止め、シートを引き抜き、ごはんに具をのせたら、ふたをして火にかけ、5分ほど蒸し焼きにする。

4 ふたをとり、チーズをまん中に散らしてふたをし、チーズをとかす。好みで韓国のりフレーク、糸とうがらしを散らす。

まぜるだけ！

和風冷凍うどんグラタン

うどんも小さく切ればほぼマカロニという独特の価値観（原料どっちも、小麦粉だもんね）。具材をしっかりまぜるため、大きめの皿を使うのがおすすめです！

作業時間 5分

スゴ技

まな板＆包丁いらず

電子レンジ

材料(2人分)

うどん(冷凍)……1玉
むきえび(冷凍)……3〜4尾
むきあさり(冷凍)……30g
コーン缶……30g
しめじ……1/6袋(30g)

A
- 米粉……大さじ1と1/2
- 白だし……大さじ1
- 砂糖……小さじ1/2

牛乳……300mℓ
ピザ用チーズ……60g

作り方

1 グラタン皿にうどん、えびを入れて、ラップはせずに電子レンジで2分30秒ほど加熱する。うどんはキッチンばさみで2cm長さに切る。

2 あさりと汁けをきったコーン、手でほぐしたしめじ、**A**を加えてよくまぜる。牛乳を加えてさらにまぜ、ラップはせずに電子レンジで5分ほど加熱する。

3 とり出し、底にたまっている米粉をこそげとるようにまぜる。ラップはせずに、電子レンジで5分ほど加熱する。

4 とり出してまぜ、チーズを散らし、トースターで5分ほど焼く。

＼具もレンチンで！／

汁なし肉うどん

「夜ごはんいらないよ～」と言ったのに、帰宅すると小腹がすく夫によく出す、オールレンチンうどんです。肉は平らにすると、加熱ムラを防げます！

スゴ技 2 紙ワザ

スゴ技

まな板＆包丁いらず

電子レンジ

調理時間 10分

材料(1人分)

うどん(冷凍)……1玉
豚ひき肉……100g
ねぎ……1/6本(15g)

A
しょうゆ……小さじ2
オイスターソース……小さじ2
砂糖……小さじ1
鶏ガラスープのもと……小さじ1/2
にんにくチューブ……小さじ1/4

卵黄……1個分
小ねぎ……適量

作り方

1 深めの耐熱皿にうどんを入れ、ラップはせずに電子レンジで2分ほど加熱してほぐす(多少固まっていても、ある程度ほぐれればOK)。

2 上にクッキングシートを敷いてひき肉をのせ、ねぎはキッチンばさみでみじん切りにして加える。**A**を加えてまぜ、平らにする。

3 ふんわりとラップをし、電子レンジで3分ほど加熱する。とり出してまぜ、ラップはせずに、2分ほど加熱する。

4 シートを引き抜き、うどんに具材をのせる。まん中をくぼませて卵黄をのせ、小口切りにした小ねぎを散らす。

＼ フライパン1つで同時進行 ／

あんかけ焼きそば

焼きそばにいい感じの焼き色をつけるのって、意外と時間がかかりますよね。
あん作りと同時に焼けば、一気に時短に。放置しすぎると焦げるので気をつけて！

調理時間 10分

スゴ技
1フライパン
まな板&包丁いらず
ホイル

材料(1人分)

焼きそば麺……1袋
むきえび(冷凍)……2尾
豚こまぎれ肉……40g
キャベツ……1枚(40g)
ねぎ……1/6本(15g)
しいたけ……1個
もやし……30g
ごま油……小さじ1

A
- 酒……大さじ1
- しょうゆ……大さじ1
- オイスターソース……大さじ1/2
- 砂糖……小さじ1/2
- 塩……少々
- 水……150mℓ

水どき片栗粉(片栗粉小さじ2を大さじ1の水でとく)

作り方

1 フライパンに焼きそば麺を入れ、ごま油を回しかけて火にかける。

2 半面に寄せて火を止め、もう半面にフライパン用ホイルで器を作り、キッチンばさみでひと口大に切った豚肉、えびを入れて火にかける。

麺も忘れないで～(焦げないように、ときどきまぜてね)

3 火を止め、キャベツはひと口大にちぎり、ねぎはキッチンばさみで斜め切りに、しいたけは薄切りにしてホイルに加える。もやしを加え、再び火にかける。

4 Aを加えて、煮立ったら火を止め、水どき片栗粉を回し入れる。焼き色のついた焼きそば麺を皿に盛り、ホイルごと持ち上げて、あんをかける。

作業時間 5分

まな板&包丁いらず

薄力粉なしで

ふわふわお好み焼き

薄力粉を使っていないので、罪悪感なく満腹になれるお好み焼きです。
キャベツは市販のせん切りキャベツを使ってももちろんOK！

材料(2人分)

木綿どうふ……300g
卵……1個
揚げ玉……大さじ2
キャベツ……1/8個(100g)
豚バラ薄切り肉……70g

A
- 片栗粉……大さじ2
- だし粉……小さじ1
- 塩……少々

サラダ油……大さじ1/2
中濃ソース、かつお節、マヨネーズ、青のり、紅しょうが……各適量

タネがまとまるまでしっかりまぜ〜

作り方

1 フライパンにとうふとAを入れ、卵を割り入れて手でよくまぜる。

2 揚げ玉を加えて、キャベツはスライサーでせん切りにして加える。

ぐるーっと回しかけて

3 よくまぜ、平らにする。サラダ油を回しかけ、5分ほどじっくり加熱する。

4 火を止めて、豚肉をのせ、皿に移し、ひっくり返してフライパンに戻し入れ、4〜5分加熱して火を通す。皿に盛り、中濃ソース、かつお節、マヨネーズ、青のりをかけ、紅しょうがをのせる。

包まない！

のせるだけいなり

スゴ技 2 紙ワザ

電子レンジ

包むのを諦めたおいなりさんです。うん、これでじゅうぶん。
市販のいなり用の油揚げを使えば、さらに時短になります。

調理時間 10分

材料（2本分）

油揚げ……2枚
ごはん……300g
水……100mℓ
A
砂糖……大さじ2と1/2
しょうゆ……大さじ2
酒……大さじ1
水……50mℓ

作り方

1 油揚げは長辺1辺を残して開き、耐熱皿に水とともに入れ、ふんわりとラップをし、電子レンジで2分ほど加熱して油抜きする。

2 湯を捨て、油揚げを洗って水分を絞る。耐熱皿にAを入れて油揚げによくからませたら、ふんわりとラップをし、電子レンジで3分ほど加熱し、あら熱をとる。

3 ごはんを半量ずつ皿にのせて、油揚げの長さに合わせて筒形にととのえる。油揚げをのせ、食べやすい大きさに切る。

レンジで

簡単鍋＆煮込み

時間がかかりそうな鍋、煮込みも、レンチンでちゃんとおいしくできます。
耐熱ボウルがない場合は、どんぶりでも代用OK！

海鮮純豆腐（スンドゥブ）

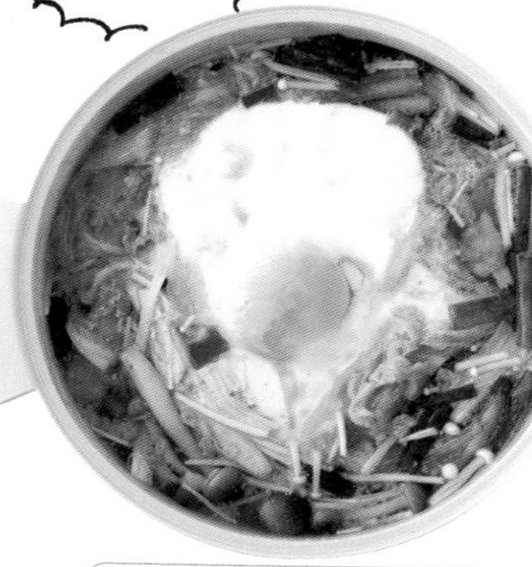

材料(2人分)

木綿どうふ……………300g
キムチ…………………50g
むきあさり(冷凍)……50g
豚こまぎれ肉…………50g
えのきだけ…… 1/2袋(40g)
しめじ………… 1/2袋(40g)
にら……………………1本
卵………………………1個

A
- 鶏ガラスープのもと……………小さじ2
- みそ…………小さじ2
- 砂糖…………小さじ1
- コチュジャン…小さじ1
- 水……………………400mℓ

ごま油……………小さじ½

作り方

1 耐熱ボウルにAを入れてよくまぜ、とうふ、キムチ、あさりを加える。豚肉はキッチンばさみでひと口大に切り、きのこ類は手でほぐし、にらはキッチンばさみで2cm幅に切って加える。
2 ふんわりとラップをし、電子レンジで8分ほど加熱する。
3 まん中に卵を割り入れてつまようじで数カ所刺す。再びふんわりとラップをし、3分ほど加熱して、ごま油を回しかける。

POINT
とうふはあえてカットせず、食べるときに思うままに崩して頬張ってほしいです。

参鶏湯風（サムゲタン）

材料(2人分)

鶏手羽元………………6本
ねぎ…………1/3本(30g)
しいたけ………………2個

A
- ねぎの青い部分……………30g
- しょうが…………10g
- 鶏ガラスープのもと……………大さじ1
- 酒……………大さじ1
- 水……………………400mℓ

塩……………………少々

作り方

1 手羽元はフォークで数カ所刺し、味をしみ込みやすくする。熱湯をかけて洗い、耐熱ボウルに入れる。
2 ねぎはキッチンばさみで斜め切りに、しいたけは半分に切ってAとともに1に加えてまぜる。
3 ふんわりとラップをし、電子レンジで5分ほど加熱する。ねぎの青い部分をとり出し、塩で味をととのえる。

POINT
手羽元は熱湯で洗うとくさみがとれます。しょうがは風味づけにかたまりでイン！

調理時間
10分

＼ 食べたいときにすぐできる！ ／

スープレシピ

おかずに添えれば、今日の献立は完璧！ あっという間にできるスープを紹介します。
鍋か電子レンジ1つで調理するものだけを厳選しました。

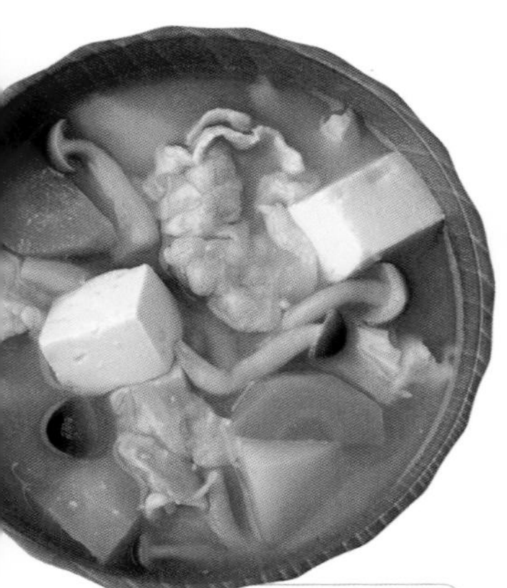

具だくさん豚汁

材料(2人分)

豚こまぎれ肉…………80g
木綿どうふ…………100g
じゃがいも…………1/2個
にんじん…………1/4本
しめじ…………40g
キャベツ……1/2枚(20g)
水…………500mℓ
だしパック…………1個
みそ………大さじ2と1/2

作り方

1 豚肉はひと口大に、とうふは1cm角に、じゃがいもとにんじんは乱切りにする。しめじはほぐす。キャベツはひと口大にちぎる。
2 鍋に水を入れてだしパック、じゃがいも、にんじんを加えて火にかける。
3 沸騰直前にだしパックをとり出し、豚肉、とうふを加えて加熱する。途中、アクをとる。
4 しめじとキャベツを加えて加熱する。火を止め、みそをとき入れる。

POINT
押さえておきたい定番の豚汁。野菜は好きなものを存分に入れてください。

酸辣（サンラー）スープ

材料(2人分)

豚こまぎれ肉…………80g
絹ごしどうふ…………100g
しいたけ…………1個
にんじん…………1/4本(50g)
ねぎ…………1/5本(20g)
えのきだけ…………1/2袋(40g)
卵…………1個
ごま油…………小さじ1
水…………400mℓ
A 鶏ガラスープのもと…大さじ1
A 酢…………大さじ1
A 砂糖…………小さじ1
A しょうゆ…………小さじ1
水どき片栗粉(片栗粉小さじ2を水大さじ1でとく)
好みでラー油…………適量

作り方

1 豚肉はひと口大に切る。とうふは拍子木切り、しいたけは薄切り、にんじんと長ねぎは細切り、えのきだけは3cm長さに切る。
2 鍋にごま油を熱し、豚肉をいためたら水を加えて煮立たせる。残りの**1**を加えて火が通るまで加熱したら、**A**を加えてひと煮立ちさせる。
3 器に卵を割りほぐし、**2**に回し入れる。水どき片栗粉を回し入れ、とろみをつける。好みでラー油をたらす。

POINT
仕上げのラー油は入れすぎるととり返しがつかなくなるので、最初は気持ち程度にしましょう。

餃子の皮でワンタン風スープ

まな板&包丁いらず

材料(2人分)

豚ひき肉……………………50g
餃子の皮……………2～4枚
にら…………………………3本
ごま油………………小さじ1
水…………………………300mℓ
鶏ガラスープのもと
……………………大さじ1

作り方

1 鍋にごま油を熱し、ひき肉をいためたら、水を加えて煮立たせる。
2 餃子の皮はキッチンばさみで4等分に切り、にらは1cm幅に切って**1**に加える。鶏ガラスープのもとを加え、2分ほど加熱する。

中華コーンスープ

材料(2人分)

コーン(冷凍)…………………50g
卵………………………………1個
水……………………………400mℓ
A 鶏ガラスープのもと…小さじ1
A オイスターソース…小さじ1
A 砂糖……………小さじ1/2
水どき片栗粉(片栗粉小さじ2を大さじ1の水でとく)
塩………………………………少々

作り方

1 鍋にコーン、水を入れ、煮立たせる。**A**を加えて再度煮立ったら、水どき片栗粉を回し入れ、煮ながらとろみをつける。
2 器に卵を割りほぐし、**1**に回し入れる。塩で味をととのえる。

POINT
水どき片栗粉を回し入れたら、しっかりとろみをつけるため必ずもう一度煮立たせて。

韓国のりたまスープ

材料(2人分)

卵…………………………1個
韓国のりフレーク
……………………大さじ2
A 白だし………大さじ1
A 鶏ガラスープのもと
……………小さじ1/2
A 水…………………400mℓ
ごま油…………小さじ1/2

作り方

1 鍋に**A**を入れ、煮立たせる。
2 器に卵を割りほぐし、**1**に回し入れる。火を止め、韓国のりフレークを加え、ごま油を回し入れる。

POINT
とき卵を入れたらすぐにさわらず、卵がふんわりとしてからまぜましょう。

みそ豆乳スープ

調理時間 10分

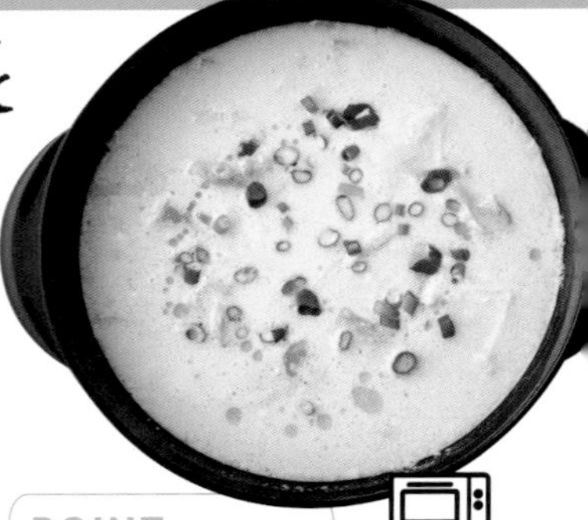

まな板&包丁いらず

材料(2人分)

豚こまぎれ肉……………80g
大根…………………………50g
にんじん……1/5本(40g)
A
- みそ…………大さじ1
- 白だし………大さじ1
- 砂糖…………小さじ1
- 豆乳……………200mℓ
- 水………………100mℓ

小ねぎ……………………適量
ごま油…………小さじ1/2

作り方

1 豚肉はキッチンばさみでひと口大に、大根とにんじんはピーラーで薄切りにしながら耐熱の器に入れる。
2 **A**を加えてまぜたら、ふんわりとラップをし、電子レンジで6分ほど加熱する。小口切りにした小ねぎを散らし、ごま油を回しかける。

POINT
火が通りにくい根菜もピーラーで薄くして入れれば、レンチンですぐに加熱できます。

まるごとトマトスープ

まな板&包丁いらず

材料(2人分)

トマト(完熟)………… 1個
豆苗…………………………15g
水……………………………300mℓ
コンソメスープのもと
…………………………大さじ1

作り方

1 耐熱の器に豆苗以外の材料をすべて入れ、ラップをせずに電子レンジで5分ほど加熱する。
2 トマトはキッチンばさみで切り、豆苗は食べやすい長さに切って加える。

調理時間 10分

POINT トマトをまるごとドーンしてチーンして、チョキチョキするだけです。トマトの酸味がくせになります。

フォー風春雨スープ

まな板&包丁いらず

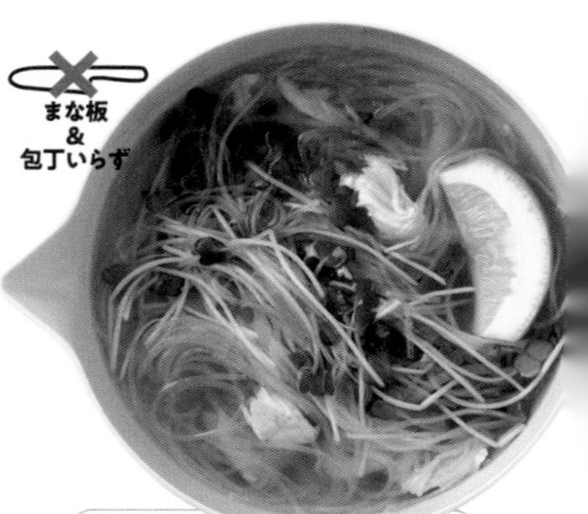

材料(2人分)

鶏ささ身…………………2本
乾燥春雨…………………30g
熱湯…………………………400mℓ
A
- 鶏ガラスープのもと……………小さじ2
- しょうゆ(あればナンプラー)……小さじ1

貝割れ菜…………………20g
レモン…………………1/6個

作り方

1 耐熱の器に**A**を合わせ、ささ身、春雨を入れて熱湯を注ぎ、軽くまぜる。
2 ラップはせずに、電子レンジで3分ほど加熱する。
3 ささ身のあら熱をとり、ほぐして戻し入れ、貝割れ菜、レモンをのせる。

POINT
上品にささ身をほぐしていますが、ときにはほぐさず、かぶりついたっていいんですよ。

かに風味かまぼことわかめのお吸い物

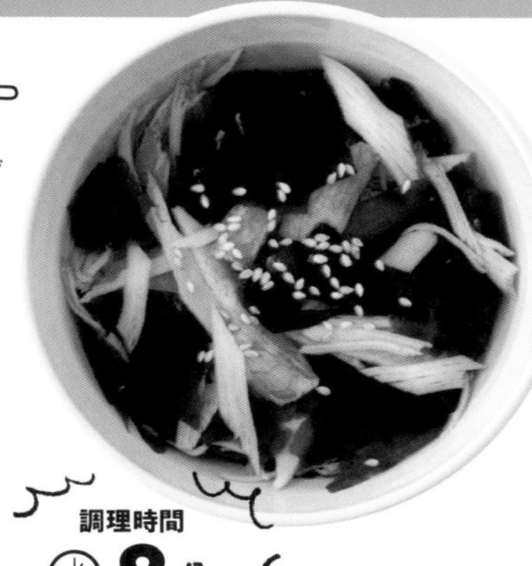

調理時間
8分

材料(2人分)

かに風味かまぼこ……4本
乾燥わかめ………………2g
A | 白だし…大さじ1と1/2
  | しょうゆ…小さじ1/2
  | 水…………………400mℓ
いり白ごま……ひとつまみ

作り方

1 耐熱の器にかにかまを手で裂いて入れ、わかめ、Aを加えて軽くまぜる。
2 ラップはせずに、電子レンジで4分ほど加熱したら、ごまを振る。

調理時間
10分

クラムチャウダー

まな板
&
包丁いらず

材料(2人分)

むきあさり(冷凍)……40g
ハム……………………2枚
ミックスベジタブル(冷凍)
……………………………30g
米粉………………小さじ2
牛乳…………………300mℓ
コンソメスープのもと
………………………小さじ1
バター………………………5g

作り方

1 ハムはキッチンばさみで1cm角に切って耐熱の器に入れる。あさり、ミックスベジタブルを加え、米粉を振り入れてよくまぜる。
2 牛乳、コンソメスープのもとを加えてまぜ、バターをのせる。ふんわりとラップをし、電子レンジで3分ほど加熱する。とり出してよくまぜ、ふんわりとラップをし、1分ほど加熱する。

POINT
薄力粉ではなく米粉を使うことでダマ知らず。よくまぜてから牛乳を加えるのがコツです。

オクラともずくのスープ

まな板
&
包丁いらず

材料(2人分)

オクラ…………………3本
生もずく………………50g
水…………………300mℓ
白だし……大さじ1と1/2

作り方

1 オクラはキッチンばさみで5mm厚さの小口切りに、もずくは5cm長さに切る。
2 耐熱の器にすべての材料を入れ、ラップはせずに電子レンジで4分ほど加熱する。

POINT
Q「オクラは〝板ずり〟しないんですか?」
A「しません。そのまま入れます。以上」

＼ 副菜にもおつまみにも！ ／

あと一品！ クイックメニュー

食材1つのものや、あえるだけ、
トースターにお任せするだけのものなどのお役立ちレシピ。
簡単だけど、どれもおいしいんです。

野菜の浅漬け

スゴ技 4 袋

材料(2〜4人分)

きゅうり……1本
かぶ(葉つき)……1個
A 白だし……大さじ2と1/2
A 酢……小さじ1
A 砂糖……小さじ1/2

作業時間 5分

POINT
あっさりした味つけで、永遠に食べられます。漬けている間にメインを作れば完璧！

作り方

1 きゅうりは1cm厚さの斜め切り、かぶは皮つきのまま0.5mm厚さのいちょう切りに、かぶの葉は2cm長さに切る。
2 ポリ袋に**1**と**A**を入れ、もみ込んだら冷蔵室で30分以上漬ける。

ブロッコリーの軸でザーサイ風

材料(2人分)

ブロッコリーの軸……60g
水……200㎖
A しょうゆ……小さじ1
A 鶏ガラスープのもと……小さじ1/2
A 砂糖……小さじ1/2
A ごま油……小さじ1/2
A ラー油……小さじ1/4

作り方

1 ブロッコリーは軸の皮をむき、1mm厚さの輪切りにする。
2 耐熱ボウルに**1**と水を入れ、ラップをせずに電子レンジで2分ほど加熱する。
3 湯を捨て、キッチンペーパーで水分をよくふきとる。ポリ袋に入れて**A**を加え、10分以上おく。

スゴ技 4 袋　電子レンジ

作業時間 3分

POINT
見た目は完璧なザーサイ！ 食べたらけっこうおいしいブロッコリーの軸！と思って作ってください。

おつまみ枝豆から揚げ

材料(2人分)

むき枝豆(冷凍)………60g
A
コンソメスープのもと………………小さじ1
粉チーズ…….小さじ1
片栗粉……………小さじ2
サラダ油……………100㎖
塩………………………少々

POINT
揚げ物をしたあと、油を捨てる前にもう一品作らせて。最後のあがきおつまみです。

作り方

1 ポリ袋に枝豆、Aを入れて振りまぜる。
2 片栗粉を加え、押しつけるようにまぜる。
3 170度の油に食べやすい大きさにして落とし入れ、ほんのり茶色くなるまで2分ほど揚げる。油をきり、塩をまぶす。

調理時間 5分

厚揚げチーズしらす

スゴ技 3 皿だけ

調理時間 10分

材料(3人分)

厚揚げ…………………… 1枚
ピザ用チーズ……小さじ3
しらす……………小さじ3
麺つゆ……………小さじ2
小ねぎ…………………… 1本

POINT
切り込みを入れているので、食べるときも具材がボロボロになりません。

作り方

1 厚揚げは油をキッチンペーパーでふきとり、3等分に切ってまん中に切り込みを入れる。
2 耐熱皿に1を並べる。切り込みにチーズを小さじ1ずつ入れ、しらすも同様にのせる。
3 トースターで5分ほど焼いたら、麺つゆをかけ、小口切りにした小ねぎを散らす。

揚げ玉キャベツ

材料(2人分)

キャベツ…3〜4枚(150g)
揚げ玉……………大さじ3
麺つゆ……………大さじ2
青のり……………小さじ1
かつお節………1袋(2.5g)
ごま油…………小さじ1/2
好みで七味…………… 適量

作り方

1 キャベツはせん切りにする。
2 深めの皿にすべての材料を入れてあえる。好みで七味を振る。

POINT
たこ焼きをしたあと、必ず余る揚げ玉と青のりの救済レシピ。これがやみつきになって、気づけばこのために揚げ玉を買うのは私です。

ピーマンのツナマヨ詰め

スゴ技 3 皿だけ

材料(2人分)

ピーマン……2個
ツナ缶……1缶(70g)
A | マヨネーズ……小さじ2
A | しょうゆ……小さじ1/2
パン粉……小さじ2

作り方

1 ピーマンは縦半分に切る。ツナは汁けをきり、缶の中にAを入れてまぜたら4等分する。
2 耐熱皿にピーマンを並べ、中にツナを詰めてパン粉を振り、トースターで4分ほど加熱する。

POINT
ピーマンのパリッとした食感と、パン粉のザクザク感を楽しんで。焼きかげんはお好みで調整を。

調理時間 5分

アボカド塩昆布

材料(2人分)

アボカド……大1個
塩昆布……2g
白だし……小さじ1/2
ごま油……小さじ1

作り方

1 アボカドは縦半分に切って種をとり、スプーンで実をすくって皮の中でまぜる。
2 皮を器にして塩昆布、白だし、ごま油を加えてあえる。

POINT
簡単だけど、なんだか見た目もおっしゃれ〜な一品。まぜるだけなのでお試しあれ。

レンジで肉みそ

調理時間 8分

電子レンジ

材料(2人分)

豚ひき肉……150g
ねぎ……10g
砂糖……大さじ1と1/2
みそ……大さじ1
酒……大さじ1
水……大さじ1
しょうゆ……大さじ1/2
にんにくチューブ……小さじ1/4
好みの野菜など……適量

作り方

1 ねぎはキッチンばさみでみじん切りにする。耐熱ボウルに好みの野菜以外のすべての材料を入れ、まぜる。
2 ふんわりとラップをし、電子レンジで2分ほど加熱する。とり出してよくまぜ、ラップはせずに、3分ほど加熱する。好みの野菜などを添える。

POINT
好きな野菜と合わせてもよし、ごはんにのせてもよし、とうふにのせてもよし。何にでも合います。

あさりとキャベツの酒蒸し

調理時間 6分

電子レンジ　まな板&包丁いらず

材料(2人分)

キャベツ……3枚(120g)
むきあさり(冷凍)……50g
A 水……大さじ2
A 酒……大さじ1
A 白だし……小さじ2

作り方

1 あさりは耐熱皿に広げ、ラップはせずに、電子レンジで1分ほど加熱する。
2 とり出し、出てきた水分をキッチンペーパーでふきとる。キャベツはひと口大にちぎり入れ、**A**を加えてふんわりとラップをし、電子レンジで3分ほど加熱する。
3 全体をあえて、味をなじませる。

POINT
あさりの砂出しとかやっていられないから、冷凍品でなんとかしました。

白菜コールスロー

調理時間 10分

材料(2〜4人分)

白菜……………1/4個(300g)
ハム……………………………2枚
コーン缶……………………20g
塩……………………小さじ1/2
A
- 砂糖……………大さじ2
- 酢………大さじ1と1/2
- マヨネーズ…大さじ1

こしょう……………………少々

作り方

1 白菜はキッチンばさみで5㎜幅の細切りにしてボウルに入れ、塩をなじませて5分ほどおく。ハムは色紙切りにする。
2 白菜の水けをしぼり、ハム、汁けをきったコーン、**A**を加える。よくあえたら、こしょうを振る。

POINT
キャベツよりもさっぱりと食べられます。白菜が余ったときの消費にもおすすめです。

調理時間 3分

豆苗の中華蒸し

材料(2人分)

豆苗…………………………70g
A
- にんにくチューブ ……………小さじ1/4
- 鶏ガラスープのもと ………………小さじ1
- 水……………小さじ1

ごま油……………小さじ1/2

作り方

1 豆苗はキッチンばさみで長さを半分に切って耐熱皿に入れる。**A**を加え、あえる。
2 ラップはせずに、電子レンジで1分ほど加熱したら、ごま油を回しかけてあえる。

まな板
&
包丁いらず

POINT
レシピと言っていいのか？という手軽さですが、豆苗のいちばんおいしい食べ方だと思う。たくさん食べたい人は倍量で作っても。

ちくわのアスパラチーズ焼き

調理時間 10分

材料(2人分)

ちくわ………………4本
グリーンアスパラガス ……………………4本
裂けるチーズ……1本
マヨネーズ…小さじ4
好みで黒こしょう、しょうゆ……各適宜

作り方

1 ちくわは縦に切り込みを入れて、内側に小さじ1ずつマヨネーズを塗る。
2 アスパラガスははかまをとり、**1**に挟んでその上に4等分に裂いたチーズを1切れずつのせる。
3 アルミホイルに**2**を並べ、トースターで5〜6分加熱する。チーズがとけたら、好みで黒こしょうを振り、しょうゆをかける。

とろとろ卵のトマトあえ

スゴ技

電子レンジ

まな板
&
包丁いらず

調理時間 5分

材料(2人分)

卵……………………3個
ミニトマト…3個
水…………大さじ1
白だし…大さじ1

作り方

1 深めの耐熱の皿に卵を割りほぐし、ミニトマトはキッチンばさみで半分に切って入れる。
2 水と白だしを加えてまぜたら、ラップはせずに、電子レンジで1分10秒ほど加熱する。
3 へらでやさしくまぜ、ラップはせずに、電子レンジで1分10秒ほど加熱し、へらでやさしくまぜる。

POINT
へらでやさしくまぜると、全体がとろっとしてきます。2回加熱して、卵の加熱ムラをなくしましょう。

まるごとピーマンの焼き浸し

調理時間 5分

スゴ技

電子レンジ

まな板
&
包丁いらず

材料(2〜4人分)

ピーマン………………4個
A 麺つゆ…………大さじ1
A しょうがチューブ……………小さじ1/2
かつお節…1/2袋(1.25g)
ごま油………………小さじ1

作り方

1 ピーマンはへたを指で押し込んで、種と一緒に抜きとる。耐熱皿に**A**を合わせ、ピーマンを浸す。
2 ふんわりとラップをし、電子レンジで4分ほど加熱したら、かつお節、ごま油をかける。

POINT
麺つゆとしょうがチューブで、みんな大好きなあの和風味に。ピーマンの種とりも、穴あけ方式なら一発!

切り餅でトッポギ風

スゴ技 3 皿だけ

電子レンジ

調理時間 4分

材料(2人分)

切り餅………………………2個
A 砂糖…………大さじ1
A しょうゆ……小さじ2
A 好みでコチュジャン……………小さじ1/4

作り方

1 切り餅は縦3等分に切って耐熱皿に入れる。
2 ラップはせずに、電子レンジで30秒ほど加熱し、合わせた**A**をかける。ラップはせずに、40秒ほど加熱する。

POINT 「これでごはんいけるわ!」と夫が言った一品です。これでごはんはいかなくていいんだけど。

はんぺんのり佃煮

調理時間 7分

材料(2〜3人分)

はんぺん……………………………………1枚
のりの佃煮(市販)………………… 小さじ1
ピザ用チーズ……………………………… 20g

作り方

1 はんぺんはキッチンばさみで6等分に切る。
2 アルミホイルに**1**を並べ、その上にのりの佃煮をまんべんなく塗り、チーズをのせる。トースターで4〜5分加熱する。

POINT
チーズだけだとちょっと淡泊なところに、のりの佃煮がいい仕事をしてくれます。

さば缶とキャベツのトマト煮

調理時間 8分

材料(2人分)

さば缶……………………………1缶(150g)
キャベツ …………………………1枚(40g)
しめじ…………………………1/4袋(40g)
にんにく ………………………………1かけ
トマト缶(カットタイプ) …………… 150g
A コンソメスープのもと……… 小さじ1
A 砂糖 ………………………… 小さじ1/2
A 塩…………………………………………少々

作り方

1 さばは汁けをきり、深めの耐熱の皿に入れてスプーンなどでしっかりほぐす。キャベツはひと口大にちぎり、しめじは手でほぐし、にんにくはキッチンばさみで4等分に切って加える。
2 トマトを全体にのせ、**A**を加えてまぜる。
3 ふんわりとラップをし、電子レンジで4分ほど加熱する。

POINT
さばは破裂しないようにしっかりほぐしてください。

＼あえるだけ！／

秘伝の中華だれで2品

家族が大好きな中華だれを使って、すぐできる副菜です。
たれは多めに作っておき、麺をあえてもおいしい！

秘伝の中華だれ

材料(作りやすい分量)

しょうゆ……大さじ2
オイスターソース
……………大さじ2
ごま油………大さじ2
砂糖…………小さじ1
鶏ガラスープのもと
…………小さじ1/2
酢…………小さじ1/2

作り方

1 器にすべての材料を入れてまぜる。

たたききゅうり

スゴ技 4 袋

材料(2人分)

きゅうり………………2本
秘伝の中華だれ
……………大さじ1と1/2
いり白ごま……………適量

作り方

1 きゅうりはポリ袋に入れ、めん棒でたたいて食べやすい大きさに割る。皿にきゅうりを移し、キッチンペーパーで水けをふく。
2 **秘伝の中華だれ**を**1**に加えてあえたら、ごまを振る。

調理時間 5分

POINT
できるだけ水分をとってからたれをあえると、しっかり味がつきます。

アボカドサーモンポキ

調理時間 5分

材料(2人分)

サーモン(生食用)……150g
アボカド………………100g
秘伝の中華だれ
………………大さじ1と1/2
小ねぎ……………………適量
いり白ごま………………適量

作り方

1 サーモンとアボカドは1㎝角に切って皿に入れる。
2 **秘伝の中華だれ**を**1**に加えてあえたら、小口切りにした小ねぎを散らし、ごまを振る。

POINT ごはんに合わせても、おつまみとして楽しんでもよし！ まぐろでアレンジしても◎。

＼即席！／

あると便利な塩だれでお店の味

何か副菜を足したいときに、大活躍する塩だれ。
余った野菜をあえるだけでも、立派な一品になります。

あると便利な塩だれ

材料（作りやすい分量）

白だし……………………大さじ2
ごま油……………………大さじ1
オイスターソース …小さじ1/2
鶏ガラスープのもと …小さじ1/4

作り方

1 小皿にすべての材料を入れてまぜる。

やみつき塩キャベツ

まな板＆包丁いらず

調理時間 3分

材料（2人分）

キャベツ ……… 5枚（200g）
あると便利な塩だれ
…………… 大さじ1と1/2
いり白ごま …………… 適量

作り方

1 キャベツはひと口大にちぎって皿に入れる。
2 **あると便利な塩だれ**を**1**に回しかけてあえたら、ごまを振る。

POINT 焼き肉屋さんで食べるような塩キャベツをイメージしています。箸が止まらない！

ザーサイともやしのあえ物

まな板＆包丁いらず

調理時間 5分

材料（2人分）

ザーサイ（味つき）……60g
もやし…………………200g
あると便利な塩だれ
…………………大さじ1
好みで七味…………… 適宜

作り方

1 ザーサイは5㎜厚さに切る。
2 耐熱ボウルにもやしを入れてふんわりとラップをし、電子レンジで2分ほど加熱する。
3 出てきた水分を捨てて、**1**、**あると便利な塩だれ**を加えてあえたら、好みで七味を振る。

POINT
ピリ辛味にすると、おつまみにも合います。もやしをたっぷり使えるレシピです。

PART 5

ラクうま！

ごほうびおやつ

「ちょっと甘いものを食べたいけれど、
お菓子作りは大変だから手が出せない」
なんて人におすすめのレシピです。
難しいことはしていませんが、きっとおなかも心も満たされます。

フライパンで！

しっとりフルーツ蒸しパン

蒸し器がなくてもできる、しっとりふわふわの蒸しパンです。
ホットケーキミックスとフルーツ缶の汁を使って、手軽に作ります。

材料(150mℓ容器2個分)

ホットケーキミックス……80g
卵……1個
フルーツミックス缶(汁なし)……100g

A	フルーツミックス缶の汁	大さじ2
	砂糖	大さじ1
	牛乳	大さじ1
	サラダ油	大さじ1

水……400mℓ

作り方

1 ボウルにホットケーキミックスを入れて卵を割り入れ、**A**を加えてまぜ合わせる。

2 フルーツミックスを加えてまぜる。

3 耐熱容器に**2**を流し入れる。

4 フライパンに水を注ぎ、**3**を並べ入れ、アルミホイルをかぶせて15〜20分蒸す(蒸している間に水がなくなったら追加する)。

保存袋で

ヨーグルトいちごジャムアイス

スゴ技4 袋

もみまぜたらあとは冷凍室に放置！
ジャムによって甘さが異なるので、お好みで調整して。
お好みのフルーツジャムでアレンジしてもOKです。

作業時間 10分

材料(作りやすい分量)

プレーンヨーグルト(砂糖無添加)…200g
生クリーム……50g
いちごジャム……200g

作り方

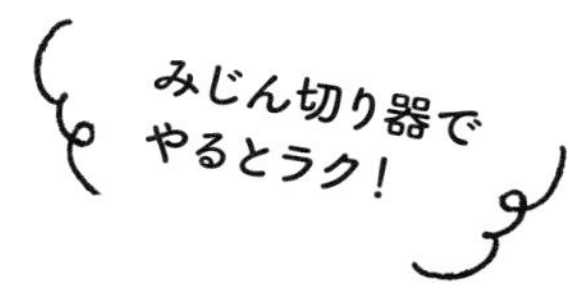

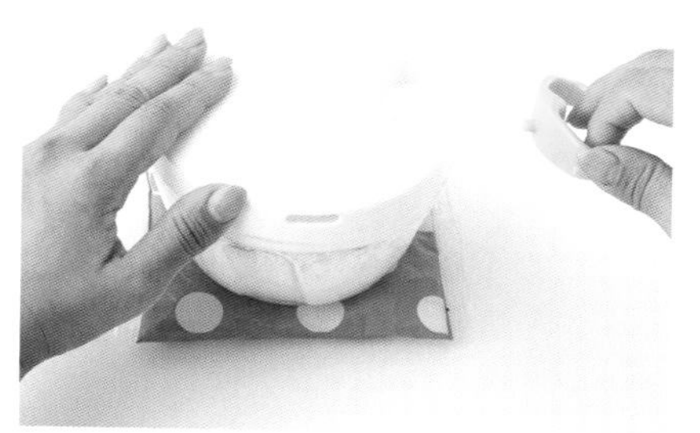

1 保存袋にヨーグルトを入れて口を広げ、泡立て器でまぜる。みじん切り器に生クリームを入れ、保冷剤をあてながらかくはんする。

2 八分立てくらいに泡立てる。

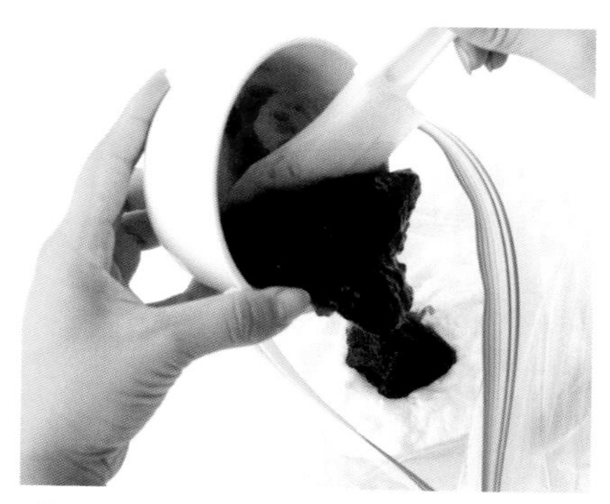

3 **2**にいちごジャムを加える。

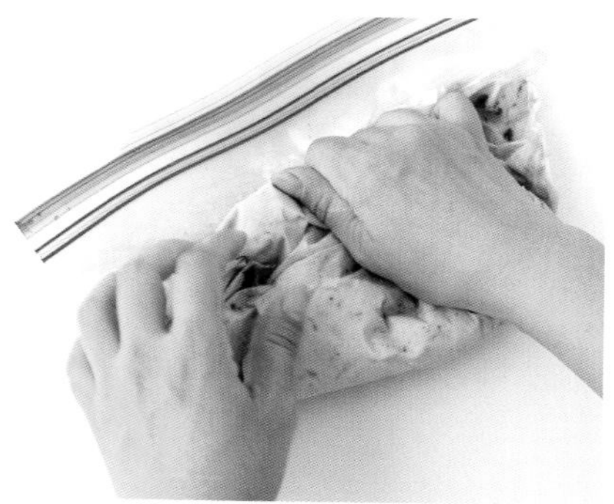

4 よくもみながらまぜ、冷凍室に入れる。1時間ほどたったら、いったんとり出して保存袋をもみ、冷凍室に戻して3時間以上おいて凍らせる。

＼ レンジでゆでる ／

とうふ白玉だんご

電子レンジ

皿1つとまではいかないけれど、使うのはボウルだけ！
電子レンジを使えば、鍋にお湯を沸かしてゆでる手間が省けます。

調理時間 8分

材料(2人分)

白玉粉……………………………………70g
絹ごしどうふ……………………………90g
好みでゆであずき、きな粉…………各適宜

作り方

とうふを入れるので
もちもち食感！

1 耐熱ボウルに白玉粉ととうふを入れてよくまぜる。

2 生地がまとまってきたらひと口サイズに丸める。

3 **2**がつかるくらいまで熱湯(分量外) を注ぎ、ラップはせずに電子レンジで3分30秒ほど加熱する。

加熱後は熱いので
気をつけて～

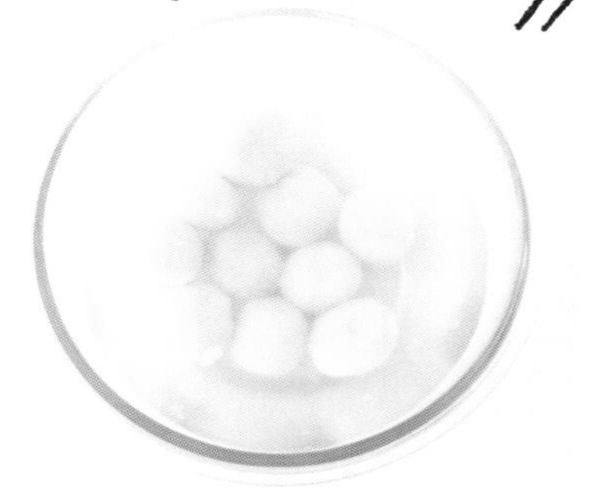

4 冷水にとって冷やし、器に盛る。ゆであずきをのせ、きな粉を振る。

レンチンで

マシュマロ牛乳プリン

マシュマロに入っている砂糖やゼラチンの性質を利用して固めます。
牛乳とマシュマロをまぜるだけなので、とっても簡単！

電子レンジ

材料（100mℓ容器2個分）

マシュマロ……………………………25g
牛乳…………………………………90mℓ

※加熱するとマシュマロがふくらむので、容器は液を入れたときに2cmくらい余裕があるものを。

作業時間 3分

作り方

1 耐熱容器にすべての材料を半量ずつ入れ、ラップはせずに、電子レンジでそれぞれ1分ほど加熱する。

2 よくまぜてマシュマロをとかし、あら熱をとったら、冷蔵室で3時間以上冷やし固める。

POINT

加熱したらよくまぜましょう。3時間冷やしてとろとろ食感、丸1日冷やしてぷるぷる食感になるので、お好みで調節して。

まぜるだけ！

モンブラン風おやつパン

甘栗と生クリームをまぜるだけで、簡単モンブランクリームが完成！
パンに塗って、大満足のおやつパンに仕上げます。

材料（4個分）

むき甘栗 ……………………………… 80g
ホイップクリーム（市販） ………… 50g
食パン（6枚切り） ……………………… 1枚
むき甘栗（トッピング用） …………… 2個

調理時間 10分

作り方

1 みじん切り器に甘栗を入れ、細かくする。

2 ホイップクリームを加え、ふたをして5～6回かくはんする。

3 食パンを4等分に切り、**2**を山形になるように塗り、半分に切った甘栗をのせる。

POINT

市販のホイップクリームを使えば泡立てる必要もないので瞬殺です！ 私はスプレータイプを使用しています。

＼春巻きの皮で／

くるくるシュガースティック

春巻きの皮が余ったらぜひ試してみてほしいおやつ。
簡単なのに、一度食べたら止まらないおいしさです。

調理時間 8分

材料（6本分）

春巻きの皮……6枚
砂糖……小さじ3

作り方

1 ラップに春巻きの皮をおき、1枚につき砂糖小さじ1/2を全体にまぶし、くるくると巻いて棒状にする。これをあと5本作る。

2 1の閉じ目を下にしてアルミホイルにのせ、トースターで5分ほど加熱する。

POINT

砂糖は全体に行き渡るようにまぶします。閉じ目には何も塗りませんが、焼けばしっかりくっつくのでご安心を。

＼切り餅で／
レンジおかき

材料(20個分)

切り餅……………………………………2個
砂糖…………………………………大さじ1
しょうゆ ……………………………大さじ1

作り方

1 切り餅は10等分に切る。
2 耐熱の皿にクッキングシートを敷き、くっつかないように**1**を等間隔に並べる。ラップはせずに電子レンジで7分30秒ほど、焦げないように途中で様子を見て返しながら加熱する。
3 別の耐熱容器に砂糖としょうゆを入れ、ラップはせずに、電子レンジで50秒ほど加熱して砂糖をとかす。
4 **2**に**3**をからめる。

POINT
お正月に切り餅が余ったら、おかきにしちゃいましょう。

＼まぶすだけ！／
マカロニスナック

材料(2〜3人分)

フジッリ ………………………………180g
コンソメスープのもと………… 大さじ1/2
砂糖………………………………… 大さじ1/2
シナモンパウダー ………………2〜3振り
サラダ油 ……………………………… 200mℓ

作り方

1 170度の油でフジッリを素揚げにする。色づいたら油をきり、あら熱をとる。
2 **1**を半量ずつポリ袋に入れ、1つにコンソメスープのもと、もう1つは砂糖とシナモンパウダーを加えてシャカシャカ振る。

POINT
一気に素揚げにして、2種類の味に仕上げます。茶色くなるまでカリッと揚げるのが、食感よく仕上げるコツです。

食材別 INDEX

およね

爆速レシピクリエイター。2児を育てるワーママ。「自炊ハードルを地の果てまで下げにいく」をモットーに、日々、ささっとラクに作れてちゃんとおいしいレシピを発信している。2021年から始めたInstagramやTikTokで一気に注目が集まり、現在SNSの総フォロワー数は約25万人(2022年12月現在)。

Instagram　@oyone.gram
TikTok　oyoneyone
YouTube　OYONE LIFE

STAFF
撮影　佐山裕子(主婦の友社)
デザイン　岡 睦、更科絵美(mocha design)
スタイリング＆フードコーディネート　ダンノマリコ
撮影協力　UTUWA
企画・編集協力　宮本貴世
編集担当　町野慶美(主婦の友社)

禁断の爆速ごはん
ここまでやっちゃう100レシピ

令和5年2月28日　第1刷発行
令和5年3月10日　第2刷発行

著 者　およね

発行者　平野健一

発行所　株式会社主婦の友社
〒141-0021　東京都品川区上大崎3-1-1 目黒セントラルスクエア
電話03-5280-7537(編集) 03-5280-7551(販売)

印刷所　大日本印刷株式会社

ISBN978-4-07-453687-0